"南粤品质工程"理念与实践系列丛书

服务篇

广东省南粤交通投资建设有限公司 ⊙ 主编

人民交通出版社股份有限公司
China Communications Press Co.,Ltd.

内 容 提 要

本册为《"南粤品质工程"理念与实践系列丛书》的服务篇,主要以南粤"红棉"品牌建设为抓手,以品牌确立、培养、深化为纵线,以收费、路政、养护、服务区品牌为横线,辅以创建效果和相关资料展示,较为全面地诠释了南粤服务品质的主要内容。

本书可供高速公路营运管理同行参考。

图书在版编目(CIP)数据

"南粤品质工程"理念与实践系列丛书. 服务篇 / 广东省南粤交通投资建设有限公司主编. —北京：人民交通出版社股份有限公司, 2019.11
ISBN 978-7-114-16033-2

Ⅰ.①南… Ⅱ.①广… Ⅲ.①道路工程—道路建设—研究—广东 Ⅳ.①U41

中国版本图书馆 CIP 数据核字(2019)第 253612 号

Nanyue Pinzhi Gongcheng Linian yu Shijian Xilie Congshu　Fuwu Pian

书　　　名：	"南粤品质工程"理念与实践系列丛书　服务篇
著 作 者：	广东省南粤交通投资建设有限公司
责任编辑：	韩亚楠　郭红蕊
责任校对：	赵媛媛
责任印制：	张　凯
出版发行：	人民交通出版社股份有限公司
地　　　址：	(100011)北京市朝阳区安定门外外馆斜街 3 号
网　　　址：	http://www.ccpress.com.cn
销售电话：	(010)59757973
总 经 销：	人民交通出版社股份有限公司发行部
经　　　销：	各地新华书店
印　　　刷：	北京市宇星舟科技印刷有限责任公司
开　　　本：	787×1092　1/16
印　　　张：	5.5
字　　　数：	101 千
版　　　次：	2019 年 11 月　第 1 版
印　　　次：	2020 年 4 月　第 3 次印刷
书　　　号：	ISBN 978-7-114-16033-2
定　　　价：	80.00 元

(有印刷、装订质量问题的图书由本公司负责调换)

丛书顾问委员会

主任委员：周 伟

副主任委员：翁优灵　贾绍明　黄成造　刘晓华　曹晓峰　童德功
　　　　　　张劲泉　李爱民　王红伟

委　　员：陈明星　刘永忠　兰恒水　李卫民　鲁昌河　张家慧

丛书编审委员会

主任委员：刘晓华

副主任委员：曹晓峰　童德功　兰恒水　李卫民　鲁昌河　张家慧
　　　　　　职雨风　尹良龙　夏振军　张　栋　邱　钰　朱　方
　　　　　　潘奇志　陈子建　乔　翔　姚喜明　程寿山

委　　员：陈　红　陈　记　孙家伟　余长春　王文州　刘世宁
　　　　　　胡　健　黄锡辉　何际辉　刘　烜　李史华　杨少明
　　　　　　林　楠　何晓圆　王啟铜　邱新林　叶　勇　张国炳
　　　　　　黄少雄　苏堪祥　张　利　李　斌　肖　鹰　张连成
　　　　　　唐汉坤　薛长武　章恒江　彭学军　李　凯　吴育谦
　　　　　　吴俊强　甄东晓　金明宽　曹春祥　和海芳

本册编委会

主　　编：朱　方
副 主 编：乔　翔　何际辉　陈　记　戴忱华　肖　飞
编写人员：程寿山　陈沃浩　李立端　马　瑞　陈运啸　朱剑波
　　　　　管亦天　李立新　马朝庆　赖仁辉　李洪顺　陈　翔
　　　　　钱　华　黄行燏

序一

PREFACE

交通是兴国之要、强国之基。党的十九大明确指出,建设质量强国、交通强国,把提高供给体系质量作为主攻方向。2019年9月,中央正式发布的《交通强国建设纲要》,明确提出了推动交通发展由追求速度规模向更加注重质量效益转变,由各种交通方式相对独立发展向更加注重一体化融合发展转变,由依靠传统要素驱动向更加注重创新驱动转变,打造一流设施、一流技术、一流管理、一流服务的要求,为我国未来三十年交通发展擘画了宏伟蓝图和指明了奋斗方向。

推进交通运输"品质工程"建设,就是顺应新时代、新任务、新要求的现实之举,是在工程建设领域贯彻落实《交通强国建设纲要》的必然要求。它的核心要义是将交通基础设施建设的提质增效和转型升级作为主攻方向和动力源泉,以质量变革为主体、效率变革为主线、动力变革为基础,在建设理念、管理举措、技术进步方面有新作为,在工程质量、安全、可持续发展方面取得新成效,全面实现交通运输基础设施建设的转型升级和高质量发展,进而实现由交通大国向交通强国的转变,加快建成人民满意、保障有力、世界前列的交通强国,为全面建成社会主义现代化强国、实现中华民族伟大复兴中国梦当好先行。

交通运输的高质量发展,首先是基础设施工程项目的高质量建设。改革开放以来,我国交通基础设施建设经历了40多年的发展,建成了一批在世界范围内具有影响力的跨海(江)桥梁、长大隧道、大型沿海港口工程,也积累了大量工程建设和管理经验，在工程建设方面已具备了再上新台阶的基础条件。"品质工程"继承和丰富了现代工程管理的理念和内涵，追求工程内在质量和外在品质的有机统一，是一个站在新的历史起点上推进交通建设工程质量转型发展的有力举措，是公路水运建设工程转入高质量发展的序曲和基础支撑。

广东省南粤交通投资建设有限公司主动把握工程建设发展的新趋势，率先开展了"南粤品质工程"创建活动。经过3年多的实践探索，形成了"高质量理念、高质量管理、高质量产品、高质量服务"的南粤品质特色。在实践过程中，桩基标准化、路基标准化、房建标准化作为标准化设计的重要组成部分，丰富和完善了广东省标准化设计体系，促进了工程建设标准化工作的发展。优质优价、优监优酬、双标管理、首件工程制、五赛五比等举措逐一落实，提高了项目建设管理水平。植被修复、废渣利用、"永临结合"等节能减排、生态环保技术的应用，革新了建设理念，推动了绿色发展。数百项微创新成果改进了现有工艺、设备，汇聚了集体智慧，弘扬了工匠精神，提高了生产效率，提升了工程质量。服务设施的人性化、路政管理的标准化、运维养护的数字化，全面提升了营运服务水平。总的来说，广东省南粤交通投资建设有限公司在"品质工程"创建过程中积极探索、勇于创新，付出了艰辛努力，取得了显著成效，展现了良好风采。

《"南粤品质工程"理念与实践系列丛书》就是"南粤品质工程"创新成果的系统总结，从建设理念、设计、管理、质量、创新、绿色、安全、服务、展示等九个方面，全面反映了"南粤品质工程"的创建过程和经验体会，内容丰富、形式新颖、针对性强、推广价值高，可为建设"平安百年品质工程"提供重要的参考与借鉴。开卷有益，我们期待着广大交通工程建设的从业者都能积极地行动起来，主动作为、积极探索、广泛交流、共同努力，不断提升技术、管理和服务，推动交通基础设施高质量发展，促进交通工程项目品质工程建设再上新的台阶。

交通运输部总工程师
2019年10月

跨过山海江河，只为"品质工程"
——记《"南粤品质工程"理念与实践系列丛书》

《"南粤品质工程"理念与实践系列丛书》（以下简称《丛书》）记载了南粤交通人在"品质工程"道路上的汗水和艰辛，见证了南粤交通人在推进高速公路高质量发展道路上的不断提升和超越！

广东省南粤交通投资建设有限公司（以下简称"省南粤交通公司"）于党的十八大之后成立。在那段时期，党和国家的各项事业取得了重大成就，社会面貌发生了深刻变革；彼时的广东，正紧紧围绕习近平总书记在广东考察工作时提出的"三个定位、两个率先"的总目标，不断优化区域协调发展空间布局，举全省之力推进粤东西北地区振兴发展；彼时的南粤交通人，毅然决然地在广东省交通基础设施建设道路上，在"加快高速公路建设，助力粤东西北发展"的高速公路建设大会战战场上，扛起了广东省政府还贷高速公路建设发展的大旗，不断前行。2017年10月，在党的十九大召开前夕，省南粤交通公司站在新时代的门槛上，再一次迎来历史性的发展跨越——经过与广东省交通集团有限公司完成重组改革，在企业发展之路上实现了华丽蝶变。在以"高质量发展"为主旋律的新时代公路建设发展浪潮中，该公司于2017年、2018年分别实现了高速公路高质量通车的企业管理目标，连续2年的通车总里程占全省2年通车总里程的82%；为广东省构建区域平衡、协调发展新格局，助力脱贫攻坚，做出了行业贡献；为广东省高速公路总里程突破9000km、连续5年居全国第一，贡献了"南粤力量"。

省南粤交通公司肩负着约2000km政府还贷高速公路建设营运管理的重任，项目建设总投资额约为2400亿元，新开工高速公路约1618km，占广东省同期新开工高速公路总里程的37%，项目覆盖广东省19个地级市。新开工建设的项目中，有广东省高速公路建设史上单独立项线路里程最长的项目——汕昆高速龙川至怀集段（全长366km），有粤港澳大湾区的重大工程项目——港珠澳大桥珠海连接线，有全省最长的高速公路隧道——金门隧道，还有拱北隧道、通明海特大桥等一大批跨海、跨江、跨河、跨山通道……项目规模庞大，工程技术复杂，施工难度高。

依托上述体量庞大的建设项目集群，省南粤交通公司在积极探索高速公路建设管理现代化管理体系的道路上，以广东省先行先试，以"弘扬现代工匠精神，打造南粤品质工程"为主题，开启了"南粤品质工程"创建活动的新征程。《丛书》全面介绍了"南粤品质工程"的发展脉络，凝聚了南粤交通人在谋求高品质发展道路上的集体思考；体现了"南粤品质工程"以技术为引领，以人为本，以自然为载体，以长寿命安全为目的的高品质高速公路建设体系；有理念与管理，有质量与安全，有设计与创新，有绿色与服务，有全方位、多维度的成果展示，还有南粤交通人对当前公路建设发展的审视和对未来的展望，彰显了省南粤交通公司"大道为公"的内涵。

这套《丛书》既是省南粤交通公司建设工作的总结，也是和国内外同行交流沟通的平台，既可为同类项目建设提供参考，也可为下阶段行业开展"平安百年品质工程"提供借鉴。希望广大公路建设者充分交流、不断总结实践经验，努力推进高速公路建设发展再上新台阶！

广东省交通集团有限公司总经理
2019年9月

目录
CONTENTS

第一章　绪论　01
第一节　创建运营服务品牌的意义　……………………………………　02
第二节　本书主要内容　……………………………………………………　03

第二章　"红棉"服务品牌　05
第一节　服务品牌的确立　…………………………………………………　06
第二节　服务内容　…………………………………………………………　07
第三节　收费服务　…………………………………………………………　09
第四节　路政服务　…………………………………………………………　10
第五节　养护服务　…………………………………………………………　17

第三章　服务品牌的创建措施　23
第一节　内外兼修收费服务　………………………………………………　24
第二节　主动作为路政护航　………………………………………………　28

01

　　　　第三节　固本求新科学养护 ·············· 33
　　　　第四节　温馨旅途惬意港湾 ·············· 38

第四章　品牌成绩及效果展示　　41

　　　　第一节　选贤择能展活力 ················ 42
　　　　第二节　"红棉之星"树典型 ············· 42
　　　　第三节　品质见证创佳绩 ················ 42
　　　　第四节　品牌视觉和效果展示 ············ 43

第五章　展望　　51

附录　典型案例　　53

　　　　第一节　收费部分 ······················ 54
　　　　第二节　路政部分 ······················ 60
　　　　第三节　养护部分 ······················ 64
　　　　第四节　服务区部分 ···················· 71

第一章

绪论

当前,中国特色社会主义进入新时代,我国社会主要矛盾已经转化为人民日益增长的美好生活需要和不平衡不充分的发展之间的矛盾。按照习近平总书记提出的"三个转变"重要指示精神,交通运输部提出积极推进交通运输发展方式"三个转变",即由主要依靠基础设施投资建设拉动向建设、养护、管理和运输服务协调拉动转变;由主要依靠增加物质资源消耗向科技进步、行业创新、从业人员素质提高和资源节约环境友好转变;由主要依靠单一运输方式发展向综合运输体系发展转变。广东省南粤交通投资建设有限公司(以下简称"省南粤交通公司"或"公司")作为主要负责交通建设投融资和政府还贷高速公路建设、经营和管理的国有企业,始终践行"三个转变"的指示精神,始终坚守政府还贷高速公路的"公益性"和"服务性",以服务创建"红棉"营运品牌,以服务彰显南粤品质。

第一节　创建运营服务品牌的意义

服务是指为他人做事,并使他人从中受益的一种有偿或无偿的活动,不以实物形式而以提供劳动的形式满足他人某种特殊需要。随着时代的发展,"服务"一词不断被赋予新意:社会学意义上的"服务",是指为别人或集体的利益而工作或为某种事业而工作,如"为人民服务";经济学意义上的"服务",是指以等价交换的形式,为满足企业、公共团体或其他社会公众的需要而提供的劳务活动,它通常与有形的产品联系在一起。

高速公路营运管理,是指在高速公路建成投入运营后,为了发挥高速公路的社会效益和经济效益,营运管理单位所进行的一系列管理活动,主要包括收费管理、路政管理、土建养护管理、机电养护管理、安全管理、服务区管理等。高速公路营运管理最终提供的是对社会的服务,提供高水平的服务品质是高速公路营运发展的核心力量。

2012年底,省南粤交通公司由广东省人民政府批准成立,主要负责交通建设投融资和政府还贷高速公路建设、经营和管理。截至2018年底,公司负责的政府还贷高速公路项目共计25个(段),总里程长约1986km,投资总额2798亿元。其中,在建里程共564km,营运里程共1369km,筹建4个路段共53km,资产总额为2078.72亿元,净资产总额为945.06亿元,共有员工约5000人。

2017年10月,公司与广东省交通集团有限公司(以下简称"集团")重组合并后,全面对接集团营运管理规范,主动适应新形势,落实新理念,促进新发展。随着公司在建项目的陆续建成投入运营,建设和营运的"双引擎"运作模式将逐步趋向于"同线同标同质",筑牢夯实营运品牌基础的重要性日益凸显。

不管时代如何变迁,"不忘初心,牢记使命"对省南粤交通公司来说,就是要以服务公众出行的品质需求为导向,努力提升高速公路项目的内在质量和外在品位,打造良好的政府还贷高速公路品牌形象,促进公司健康可持续发展。

一是公路属性的需要。政府还贷高速公路更应体现公路的公共服务属性,兼顾效率与公平。未来以政府为主导的政府还贷高速公路将成为收费公路的主流。作为省级政府还贷高速公路管理主体,公司有必要探索出一条政府还贷高速公路营运管理的发展之路。

二是企业发展的需要。文化品牌作为企业"软实力"的重要组成部分,为企业的长足发展积蓄能量,提高企业的知名度和美誉度,有效增强企业的核心竞争力。因此,打造营运服务品牌,是公司从高速公路同行中脱颖而出,并保持健康可持续发展的必经之路。

三是文明创建的需要。广东省交通运输厅着力开展以"用心服务、畅享交通"为主题的文明创建活动。公司创建政府还贷高速公路营运服务品牌,既是响应和深化广东省交通运输行业核心价值观的具体实践,也是广东省政府还贷高速公路发展的大局需要,更是公司成长、发展、壮大的需要。

四是行业趋势的需要。随着经济发展水平和公众出行需求的逐步提高,整个社会对高速公路舒适、便捷、安全等方面的通行品质提出了更高要求。由单一的收费管理向品牌经营转变,突显高速公路窗口作用,更好地为驾乘人员提供优质文明服务,将是整个高速公路行业的发展趋势所在。

高品质的服务凝聚高品质的品牌,高品质的品牌彰显高品质的服务,在"大道为公"文化理念下,公司以"南粤品质工程"为引领,在高速公路建设期、营运期不断推动和提升南粤品质工程。营运项目期,开展了以"红棉"为主旨的营运品牌建设,以"社会责任""优质服务"为切入点和出发点,突显了营运品牌的价值经济——服务性、公益性。

第二节 本书主要内容

"勇立潮头敢为先,大道南粤创新篇"。省南粤交通公司一直坚守"大道为公"的企业文化和经营宗旨,注重品牌打造,率先在广东省内提出打造"南粤品质工程",在各类品质工程评比中屡获殊荣;在营运管理领域,全力打造南粤交通"红棉"营运品牌,赢得了上级和社会的一致认可。本册以省南粤交通公司"红棉"品牌建设为抓手,以品牌确立、培养、深化为纵线,以收费、路政、养护、服务区品牌为横线,辅以创建效果和相关资料展示,较全面地诠释了南粤服务品质的主要内容,为高速公路营运管理同行提供借鉴和参考。

第二章

"红棉"服务品牌

第一节 服务品牌的确立

2014年是广东省交通运输行业的文化建设年,全省交通运输行业大力开展"用心服务、畅享交通"主题文明创建活动。以此为契机,公司领导结合行业趋势、公路属性、企业发展、文明创建需要,明确提出创建公司营运品牌战略的构想。

为甄选出适宜的品牌形象,通过借鉴行业先进经验,公司对国内具有行业特色的高速公路营运路段进行了全面深入分析,最终选定了具有代表性的广西壮族自治区南宁高速公路运营有限公司"微笑服务"品牌和江西省高速集团泰和管理中心"映山红"品牌作为调研对象,并深深地被她们"看得见的微笑、听得到的微笑、干得好的微笑"和"酒店大堂式的收费广场服务"所吸引。

在品牌创建过程中,公司得到时任省交通运输厅、省文明办领导的指导,公司主要领导参与调研和讨论,他们为公司营运品牌的创建指明了方向,明确了目标,推动了创建工作扎实有效地开展。

基于以上因素,经广泛征集,反复推敲,公司决定将品牌的名称定为"红棉"。"红棉"既有行业特征又有地域特色,内涵丰富,容易识别,便于记忆和传播:

其一,红棉花又称"英雄之花",是广东省省花,具有鲜明的岭南地域特性;

其二,红棉花开花最早,引领百花齐放,红棉花开满园春,吐蕊烂漫为先导,具有"广东省作为改革开放的领头羊"和"公司作为政府还贷高速公路先行者"的寓意;

其三,红棉花火红艳丽,如火怒放,象征高速公路事业蓬勃向上的生机和活力;红棉花给人温暖、热情、奉献的感觉,代表着高速公路人以一颗炽热的心用心服务的一贯理念。

"红棉"是整个品牌的凝聚点和扩张面。但要实现整个体系的展示与传播,使公司的品牌形象脱颖而出,还需要构建出企业形象识别系统(CIS,Corporate Identity System),其中又包含了理念识别(MI)、视觉识别(VI)和行为识别(BI)三部分。

一、理念识别系统(MI)

公司专门制定了《"红棉"高速公路服务品牌手册》,从而总结提炼出服务理念、品牌内涵、品牌价值、品牌口号等。

服务理念:用心服务、畅享交通。

品牌内涵:温馨、美观、安全、畅顺。

品牌价值:温馨真诚的文明服务、美观整洁的窗口形象、安全便捷的行车环境、畅顺舒适的通行体验。

品牌口号：温馨旅途、畅行南粤。

二、视觉识别系统（VI）

公司推出了"红棉"品牌徽标（Logo），一个红棉花形状的卡通人物欢快地奔跑在高速公路上。这一形象与"用心服务、畅享交通"品牌理念相互呼应；徽标以黄色、红色这两个暖色调为主色，给人温暖、热情的感觉。除了品牌徽标，公司设计、定制与"红棉"协调一致的收费员制式服装，设计了"红棉之星"胸徽，并进行全线收费亭形象包装等。以收费窗口为例，新设计包装的窗口焕然一新，个性鲜明、亮丽独特，既美化了环境，又宣传了公司"红棉"品牌，在客户心目中初步建立了"红棉"的品牌形象。

三、行为识别系统（BI）

行为识别系统是企业形象识别系统建设的重要内容，是企业实际经营理念与企业品牌文化的外在体现。公司从客户体验的角度出发，提炼并制定出"三个一"收费窗口文明服务标准：一个洁美的环境、一张真诚的笑脸、一次舒畅的通行服务。

（1）"一个洁美的环境"，旨在为客户提供一个整洁、美观的通行环境。对收费广场、车道、岗亭的设施配备、具体布置、保安保洁等都提出了统一的标准。

（2）"一张真诚的笑脸"，关键是微笑服务。微笑服务从嘴型、眼神、声音、表情、手势等方面都做了具体规定。

（3）"一次舒畅的通行"，要求员工通过快速娴熟的收费技能、温馨人性化的服务使客户体验到通行的舒畅。"一次舒畅的通行"的要点在于"三美三心"，"三美"即语言美、着装美、姿态美，"三心"即贴心、专心、耐心。

第二节 服 务 内 容

一、塑造品牌形象

品牌建设是一个系统工程，为了让"红棉"品牌更广泛地被公众接受和认可，更好地体现和突出高速公路行业以及自身特色，公司制定了品牌建设方案、营运品牌框架、营运品牌任务分解和进度安排表。"红棉"品牌设计包括理念体系、形象体系、内容体系、监管体

系、宣传体系等一系列内容。

二、提升品牌质量

质量是品牌的生命。坚持采取站队内训、集中培训、异地轮岗等形式对收费、路政及养护等人员进行业务技能和综合素质教育，广泛开展业务大练兵、大比武活动，组织了面向广大员工的资格考试和竞争上岗，开启"红棉"之星评比工作，全面提升员工综合素质。

把客户放在第一位。以客户满意度为标准重新审视我们的目标设定、计划安排、业务流程整合、工作要求以及绩效考核，将服务意识贯彻到每一个流程、每一个环节、每一个员工。在员工层面，要求在标准化、普遍服务的基础上，投入感情、用心服务。

立足所处的地理区位。要求广大员工在做好日常业务工作的同时，也要做好高速公路沿线的宣传员、服务员和引导员，把高速公路沿线的文化、历史、旅游等知识作为自己的一项业务来学，更好地为每位驾乘人员提供贴心、优质的服务。

三、创新品牌载体

"红棉"品牌要想落地生根，必须创新品牌载体。品牌载体主要包括"物"和"人"两方面。

"物"，开展星级收费站创建，加强收费站、服务区的硬件设施、服务质量、管理水平等评级。从服务、礼仪、管理、制度等方面制定标准，通过规范化、人性化管理，打造一个洁美的环境。坚持从硬件着手，持续推进站队规范建设，力求全面达到星级收费站、服务区创建要求，并大力营造"家"的氛围，让员工安心工作、用心学习、舒心生活。

"人"，统一微笑服务，通过淡妆上岗和安装微笑镜等措施，推广"8颗牙"式微笑；统一服务语言，要求收费员做到来有迎声、问有答声、去有送声、常有谢声，文明用语热心、操作过程细心、排忧解难诚心、宣传解释耐心；统一收费动作，通过持续加强业务学习和礼仪培训，严格落实《收费窗口文明服务标准》。

四、理念体系

通过"三、四、五"的标准规范化服务，促进收费、路政、养护三大营运业务服务管理水平的有效提升。

三，即为"三个一"收费窗口文明服务标准。

四，即为"四个一流"路政标杆管理标准。

五，即为"五化管理"养护管理标准。

五、考评体系

推行对"人"和"物"品牌实施载体的全方位考评,实现对品牌创建和运营的全过程管理。具体包括:

收费、路政、养护三大业务文明服务评测标准。

收费、路政、养护业务人员"红棉"之星评比标准。

品牌创建、运营效能监测评定标准。

六、宣传体系

制定品牌推广策略及方案。结合"运行评测"的工作,制定并实施客户信息收集及反馈活动,通过调查问卷、走访等形式了解驾乘人员的需求,及时改进收费、路政、养护、服务区等的服务措施。

第三节 收 费 服 务

一、一个洁美的环境服务标准

一个洁美的环境,关键是美化收费环境,为广大驾乘人员营造一个整洁、美观的通行环境。收费环境要求做到"三洁美",即"岗亭洁美、车道洁美、广场洁美"。收费现场人员以"三洁美"为要求,收费现场达到"物有定位、摆放整齐、定期清洁、保持干净、有效监督、落实到位"的整洁、美观的目标。

二、一张真诚的笑脸

"一张真诚的笑脸",关键是微笑服务。微笑服务,从嘴型、眼神、声音、表情四个方面对微笑做了定性的规定。

收费人员在收费服务过程中要面带微笑,让过往驾乘人员有一种宾至如归的亲切感。在驾乘人员进入3m范围时要向对方微笑,表情自然,双眼明亮,注视对方"小三点"(眼睛和鼻子是个倒三角),态度坦诚,表现出热情、亲切、真诚、友好。

三、一次顺畅的通行服务标准（"三美三心"服务标准）

以有序、舒适、畅通为目的，通过提高收费员业务技能，强化收费员文明服务意识，使驾乘人员在行驶高速公路时感到舒适和通畅。收费服务过程中，做到"三美三心"，三美即"语言美、着装美、姿态美"，"三心"即"便民要贴心服务，业务操作要专心，解释工作要耐心"。

第四节　路　政　服　务

一、路政八大管理职能

（1）宣传、贯彻执行公路管理的法律、法规和规章制度。
（2）管理公路两侧广告控制区。
（3）实施公路监督检查。
（4）保护路产，处理各种公路路产损坏赔偿案件。
（5）路政许可审批。
（6）参与公路工程竣工验收。
（7）维持公路养护作业现场秩序。
（8）法律、法规规定的其他职责。

二、红棉品牌，标杆队伍

公司所辖政府还贷高速公路路政队伍肩负着维护路产路权、保障道路安全畅通的重任，在深化"红棉"高速公路营运品牌建设中，以"用心服务、畅享交通"服务理念为核心，致力于营造"温馨、美观、安全、畅顺"的高速公路通行环境，并通过优化队伍及制度建设、完善设施设备、延伸便民举措等方式，真抓实干，开拓创新，全面打造"一流管理、一流装备、一流素质、一流业绩"的路政标杆队伍。

三、加强硬件建设，实现一流装备

"工欲善其事必先利其器"，通过不断完善和升级执法装备，在提高业务效率的同时有效地保障路政人员的人身安全,以提高路政队伍维护路产路权的整体水平和路政执法人员的良好形象。

(一)统一路政执法场所外观与人员形象

(1)按照《交通运输行政执法形象建设规范》和《广东公路行业 VI 视觉识别系统》的标准,统一执法标志标识、统一执法证件和统一执法服饰,重点抓好执法场所外观的统一工作,实现"四个统一"。路政执法场所外观形象包括:门楣、牌匾、竖式灯箱、玻璃防撞条等。

(2)按照《广东省公路管理局关于做好全省公路路政行政执法服装换装有关工作的通知》,加强规范路政执法形象建设,树立路政执法队伍良好形象,达到全省路政制服统一。

(二)统一行政服务窗口建设

依据交通运输部《交通执法机构场所外观标识》(交通运输行政执法形象建设规范三)标准对行政服务窗口进行整饰和建设,其建设基本要求和基本配置如下:

1. 统一名称和外观、内饰标志

高速公路路政(大)队服务窗口名称为"广东省公路事务中心××(路段名称)路政(大)队行政服务窗口"。

服务窗口大门外上方应当设置"广东省公路事务中心××(路段名称)路政(大)队行政服务窗口"名称标志。

服务窗口室内应当悬挂附有交通徽章图案及"依法行政、以人为本"字样的背景标志。

2. 服务窗口建设的基本要求和基本配置

服务窗口应当整洁、明亮、布局合理、标志醒目、功能齐全、设施完善,确保达到便民、高效的功能。服务窗口应当根据不同的使用功能划分为若干区域:受理办公区、申请人服务区。

服务窗口受理办公区,应当配备办公专用设备:电脑、电话、传真机、A3 扫描仪、复印机、碎纸机、办公桌椅、文件柜等。

服务窗口申请人服务区,应当根据区域大小设置路政许可信息公示栏,配备必要的服务设备:桌椅、签字笔、电子触摸屏、电子公告板、意见箱、饮水机、空调机或风扇等。

受理办公区与申请人服务区,应以 80cm 高的柜台分隔成既开放又相对独立的两个区域,便于公开、交流、监督。

3. 服务窗口的服务内容及人员配备

服务窗口应当实行政务公开,通过公示栏、电子触摸屏、电子公告板、电子网络、宣传册等形式,向社会公开如下路政许可信息:

(1)路政许可的事项；

(2)路政许可的依据；

(3)路政许可的实施主体；

(4)路政许可的条件；

(5)路政许可的数量；

(6)路政许可的审批程序和期限；

(7)需要申请人提交的材料目录；

(8)申请书示范本；

(9)服务时间、咨询电话和投诉监督电话；

(10)依法需要公示的其他事项。

服务窗口应当根据本单位受理业务量大小，设受理人员1或2名。受理人员应当持证上岗并公开本人姓名、职务，统一穿着路政制服，做到举止文明。

（三）路政装备物资配置标准

通过配置执法记录仪、红外线测距仪、巡逻车载视频监控及移动作业系统、CDMA-PTT集群通信平台等装备，全面提升路政日常巡查、户外作业、队务管理的信息化水平。

四、规范工作流程，争创一流管理

公司通过建立健全路政各项规章制度和业务规范，为实现"标准化、规范化、精细化"的一流管理提供指引和保障，并以"客户服务"为理念，以"文明服务"为准则，以"尽忠履职"为根本，全面落实路政八项职能。

（一）建立健全内、外业管理制度

根据国家、广东省及地方有关政策，结合公司及项目管理实际，按"统一、规范、科学、高效"的原则，公司组织相关部门及项目对路政管理制度进行梳理修编，共修编完成《高速公路路政人员巡查管理规定》《路产赔（补）偿案件处理流程》《路政岗位考核制度》《高速公路路政巡查实施细则》《路政大队督查管理办法》《高速公路路政人员着装管理规定》《高速公路监督检查专用车辆使用管理细则》及《路政大队奖惩细则》等13项，建立健全内、外业管理制度。

（二）规范巡查、许可、赔（补）偿、突发事件处置等操作流程

结合国家和广东省关于路政业务管理的有关规定以及实际情况，制定用于指引和规范路政日常业务的操作流程。

1. 路政巡查

路政人员依法开展巡查,做到恪尽职守,清正廉洁,阳光执法,文明服务。

2. 路政许可

依照法定的权限、范围、条件和程序进行路政许可的受理和初审,并通过开设服务窗口和自助查询终端,提供便利和高效的服务。

3. 公路赔(补)偿

路政人员在处理损坏路产赔偿案件时,应做到快速处置,过程公开透明,坚持公开、公正、公平、廉洁、便民、高效的原则。

4. 突发事件应急处置工作

对发生在高速公路上的自然灾害、交通事故等各类突发事件的处理应遵循安全第一、保畅优先、快速处置原则。

（三）强化服务区、交通拯救的监督管理

1. 服务区监管工作

对服务区经营管理单位的经营活动进行监督管理,并督促其完善服务区基本设施、不断提高服务区的服务质量,最终得以创建环境优美、秩序优良、服务优质、管理优化、形象优雅的"五优"服务区。

2. 车辆救援工作

高速公路突发事件应急救援工作,应遵循"快速反应、统一调度、文明施救、公开透明、专业高效"的原则,及时完成救援清障,协助抢救伤员,降低交通事故造成的人、财、物的损失,切实保障人民群众的合法权益,保障高速公路的安全和畅通。

五、抓好队伍建设，争创一流素质

按照交通运输部《路政管理规定》和《关于印发交通行政执法风纪等 5 个规范的通知》要求,公司以人员的聘用提拔、学习培训、军事训练为切入点,通过加强人员在仪容仪表、行为举止、执法风纪、文明用语等方面学习,深化路政执法人员作风建设,强化执法人员文明执法、文明服务意识,抓好队伍建设,争创一流素质的路政队伍。

（一）严格招聘选拔

(1)招聘路政人员,应严格执行相关规定,经过笔试、面试、体能测试、体检等环节的层层筛选,择优录用。

（2）为了增加路政人员归属感,保持人员工作积极性,路政大队对符合晋升条件的路政人员进行考核,并开展"公平、公正、公开、择优"的竞争上岗活动。

（二）加强学习及培训

路政人员定期参加相关业务学习及培训,做到熟知并充实自身路政业务知识,提高路政管理能力及水平。学习培训大体分为岗前入职培训和在岗培训两大类。

（1）岗前培训。

①参加为期15天的半军事化路政管理培训;

②熟悉和了解路政大队的基本情况,相关工作流程及各项规章制度;

③学习和掌握路政管理相关基本法律法规。

（2）在岗培训。

①按照培训要求,路政中队每月进行不少于2次的业务培训,并要求每月至少参与1次路政大队组织的培训学习。

②军事训练。路政人员坚持军事训练,培养令行禁止的良好作风,树立严谨规范的执法形象。路政大队严格执行管理中心半军事化管理,每季度举行一次军事训练。军事训练分为体能训练、队列训练、交通指挥手势训练、应急出警反应训练四大板块。

（三）推广文明执法

1. 仪容仪表、行为举止规范

路政人员通过加强自身素质修养,做到仪表整齐、举止端庄、言行规范,树立良好的职业形象。

2. 执法风纪规范

（1）路政人员要坚持全心全意为人民服务的宗旨,恪守职业道德,做到风纪良好、举止文明、态度和蔼、服务热情。

（2）路政人员应切实遵守以下执法风纪规范:

①路政人员要严格遵守各项廉政规定,做到清正廉洁,不徇私舞弊。

②对前来咨询或申请办理有关事项的行政相对人,路政人员应当热情接待、耐心解答。

③路政窗口人员严禁在工作时间内脱岗、串岗、聊天。不准对属于职责范围内的审批申办事项推诿扯皮。不得超过法定政务公开、承诺服务的时限要求。

④在进行路政管理工作中,要求对方出示证件、接受检查及配合执行公务时,应当使用文明用语,出示相关证件,并说明事由。

⑤不准收受行政相对人的纪念品、礼品、礼金和各种有价证券。
⑥不准接受行政相对人安排的宴请、娱乐、健身活动和外出考察活动。

（四）加强党团建设

在提升业务素质的同时，通过加强党团建设，深化思想政治教育，逐步打造出"思想政治过硬、业务基础牢固、文化素养优良"的朝气蓬勃、昂扬向上的路政队伍。

六、创新管理模式，争创一流业绩

为适应新形势下路政队伍的发展需求，路政队伍通过摸索创新出与时俱进的管理模式，达成"在巩固中提升，在创新中求进"的管理理念，开展"自我学习，自我管理"的学习型、创新型路政队伍建设。

（一）积极开展文明服务创建活动，促进管理水平提升

为了让广大人民群众感受到路政人员的文明服务，塑造出良好的社会形象，路政大队不断加强优质文明服务常态机制建设，优化服务流程，完善服务标准，规范服务行为，将文明服务工作真正落到实处，推动文明服务工作向良好的势头发展，以满足日益增长的社会需求。

1. 创建文明服务区活动

（1）各路政大队积极响应广东省交通运输厅、广东省文明办的号召，在上级部门的大力指导和支持下，与经营单位通力协作，通过改造外观形象、增设和完善服务设施、加强保洁等措施全面开展高速公路服务区文明创建行动，全力推动和促进沿线服务区服务水平和服务质量的提升。

（2）各路政大队以服务区为切入点，在春运期间和国庆黄金周期间，分别开展了"情满旅途"和"温馨旅途、畅行南粤"的便民服务活动。在沿线服务区设立服务点，为驾乘人员提供免费的咨询、茶水、充电、地图、应急工具、应急药品等便民服务，协助过往驾乘人员解决难题。

2. 路政许可文明服务

（1）路政执法人员实施行政许可，应当依照法定的权限、范围、条件和程序，遵循平等对待、便民高效、信赖保护的原则，做到不偏私、不歧视，为申请人提供优质服务。

（2）行政许可的项目和法律依据，应当按照规范的内容格式予以公示并实施。

（3）路政大队应当在法定期限内办结行政许可手续，但依照法律、法规和规章的规定需要听证、检验、检测、鉴定和安全技术评价的，所需时间不计算在法定期限内，并将所需

时间书面告知申请人。公路管理机构应当通过优化工作流程,提高办事效率,使实际办结期限尽可能少于法定期限。

(4)公路管理机构应当建立和推行行政许可首问负责制。

(5)路政大队为办理行政许可提供便利。

3. 宣传引导服务

加大路段沿线的宣传力度,路政大队通过到户宣传,让沿线居民了解高速公路知识及相关法律法规,引导居民理解路政执法的必要性与高速全封闭的概念。以《中华人民共和国公路法》《公路安全保护条例》等为蓝本,路政大队有针对性地对特殊路段、特殊时间、特殊行为进行宣传,增强宣传引导效果。

(二)创新交班、督查机制,有效提高工作效率

1. 创新会议模式

会议模式由"队长讲,队员听"转变为"队员讲,队长评",让路政队员从被领导转变为参与管理。在被动管理向主动管理的转变过程中,实现路政管理效率与路政人员能力的双提升。

2. 创新内部督查机制

路政大队成立机动中队(组),主要负责督查路政执法、服务区监管、道路救援等过程中出现的违法乱纪行为。通过对违规行为的"疏"和"堵"同步管理,促进廉洁高效、行为规范的路政管理队伍建设。

(三)建立机动中队(组)补位机制,确保工作有效到位

作为路政大队的排头兵、先锋模范,机动中队(组)是机动应急机制的关键,其担负应急支援、协同处置的职能。在应急预案的实战或演练中,机动中队配合完善相关预案,逐步形成了一套齐备且具有路域特色的机动应急机制。

(四)强化应急演练和竞赛,提高应急处置能力

为提高路政人员的综合素质和应急处置能力,加强与各部门各单位间的配合,路政大队每年均会组织应急演练与路政竞赛,让路政人员在演练与竞赛实践中总结不足,查缺补漏,增强路政管理水平,保证高速公路的安全、畅通,保障公路经营者、使用者的合法权益。

1. 应急演练

路政大队每年至少一次联合养护、拯救、交警、消防等部门进行突发事故应急演练,增强各部门各单位默契,提高事件处置效率。

2. 路政竞赛

路政大队为考核每名路政人员的理论及实操业务水平,每年10月举办一次"路政业务技能竞赛"。全体路政人员积极参与,展示了路政的标杆形象。

第五节 养护服务

对于高速公路服务产品的购买者和使用者——驾乘人员来说,其体验也相应地包括了对道路硬件设施的使用体验和对道路管理服务人员的接触体验。归根结底,行车过程能否达到通畅、舒适,对用户的高速公路满意度起到主导作用。因此,省南粤交通公司以顾客需求为企业策略导向,以为顾客提供最为通畅与温馨舒适的"行车体验"为高速公路营运企业服务顾客的最高要求和最终目标,简而言之即"温馨旅途、畅行南粤"。

养护服务总体目标:养护管理制度化、日常管理精细化、专项管理规范化、安全管理程序化、技术管理信息化。

养护服务工作原则:科学规划、合理决策、预防为主、防治结合。

养护服务管理方针:畅通主导、安全至上、服务为本、创新引领。

畅通主导。畅通是高速公路最好的服务。树立"建设是发展,养护管理也是发展,而且是可持续发展"的新发展观念,强化养护管理中的薄弱环节,确保及时快速的养护,科学规范的施工,较少发生因养护不当造成的交通堵塞。

安全至上。确保设施始终处于良好的技术状态,消除所有可能给驾乘人员带来损害的安全隐患,及时处置新出现的安全隐患。标志标线清晰,防护设施齐全,应急反应体系完善,对人为的或自然的重大灾害和突发事件,具有迅速恢复、重建的能力。

服务为本。坚持"更好地为公众服务"的理念,把为民、便民、利民贯穿到养护管理各个环节。以公众出行需求为导向,强化服务意识,提升服务内涵和品质。舒适的行车环境、完善的沿线设施、规范化的养管队伍、人性化的出行信息服务,浓郁的公路文化氛围,让公众享受出行的快乐,实现养护服务"四标准"。

创新引领。加大自主创新力度,树立环保和循环经济理念,发展绿色公路、预防性养护和再生利用技术。

一、推进养护管理制度化,实现统一规范管理

根据国家、广东省关于公路养护的有关规定,结合公司及项目管理实际,按"统一、规

范、科学、高效"的原则,公司组织相关部门对养护管理制度进行梳理修编,共修编《广东省南粤交通投资建设有限公司养护管理办法》《日常养护质量验收及定期考评制度》《养护计划编制管理制度》《机电系统日常养护管理制度》等25项内容,涵盖了计划、计量、技术、巡查、桥涵、路况效果、养护质量、养护考核、交通工程、养护安全、技术资料等养护管理各方面,建立了科学、高效的养护管理体系。公司在工作中做到有章可循、有规可依,严格按照制度(或办法)开展各项养护工作。

二、做到日常养护,管理精细化

通过定人员、定车辆、定职责、定时间、定频率、定规范,使养护施工精细化。

一是加强日常养护路况效果,在合同中加强了日常养护管理的细则及处罚条款。推行日常养护量化考核,明确A类包干部分考核及A类按实计量部分验收办法,做到日常保洁量化考核,力求按合同频次实施到位。

二是根据各单位所管辖高速公路实际情况及沿线气候特点编制了年度、季度、月度养护计划,根据日常养护合同中按包干和按实计量模式进行了分解、下达,督促承包人按照计划实施日常保洁及小修保养。

(1)日常保洁:指采取定性(固定作业频率与质量)计量部分的日常养护内容,包括路面保洁、边坡及路肩修整、路面宽度以内的排水设施清理、绿化养护(浇水、除虫、施肥、修剪)、设施(隧道、交安)清洗、路况巡查、结构物经常检查等内容。

(2)小修保养:指高速公路路基、路面、桥涵结构物、附属设施以及绿化工程的轻微病害修复与保养工作;小修保养应按《公路养护技术规范》和"七无三有"的要求进行管理考核。"七无三有"是指水泥路面接缝常年无渗水、沥青路面常年无坑槽、路肩常年无反坡、边沟常年无积水、路基常年无缺口、安全设施常年无缺损、施工路段不弃养、常年无次等路、路堑路段有边沟、路上有足够的养路工、养护作业有机械。

(3)修复要求:按修复时限及时对路面裂缝进行灌缝、修补路面坑槽、完善排水设施、修复损坏的交安设施,精细化施工,降低二次损坏率,尽量延长大中修周期,节约养护成本。

三、注重科学决策,提升信息化水平,专项工程管理规范化

科学制订工程方案和养护计划是科学决策的核心内容。各营运公司所管辖高速公路在巡查、检查、检测和评定的基础上,根据所采集的路况指标和病害情况录入养护管理系统,进行数据分析或病害原因分析,提出养护建议,委托专业设计单位进行预防性养护方案设计或病害处治方案设计,并按分级管理的原则组织(专家)方案审查,进而完成施工图设计和养护预算计划;或利用信息化管理系统(如路面、桥梁管理系统)的养护决策功能提

供养护方案和养护计划建议。在此基础上,再根据交通方案制订施工方案,结合季节气候特点制订养护实施计划。流程如下:

(1)科学制订工程方案和养护计划。

(2)高度重视路况检查与技术评定。

(3)充分应用信息化养护管理系统。

(4)编制《××高速公路年度养护工作实施报告》及《××高速公路年度养护预算报告》。

(5)根据总体计划编制《××高速公路年度养护专项工程实施计划表》上报公司,对设计阶段、招标阶段、工程实施阶段各个时间节点进行安排。

(6)按照公司基建程序对专项工程进行招标。

(7)对养护专项工程实施全过程跟踪管理及质量、进度、费用、安全等全面控制管理。

(8)根据《广东省实施公路建设项目文件资料立卷归档管理办法》(粤交办函〔2002〕404号)、《科学技术档案案卷构成的一般要求》(GB/T 11822—2000)等规定,开展养护档案管理工作。

四、加强养护安全程序化管理,高效进行应急管理

对养护安全进行程序化管理,建立养护安全管理的长效机制:

(1)各单位每月组织召开安全例会,学习上级安全文件,开展安全大检查,对检查发现的安全隐患录入安全信息管理系统挂牌整改。

(2)对软基、高边坡、桥涵隧、路面等进行经常、定期、特殊、长期的检查,及时处治安全隐患。

(3)加强监控中心信息集中优势,协调路政、交警、医疗等安全管理的部门联合处治安全事故。

(4)联合路政、交警部门及相关单位对沿线事故多发地点进行调研分析,通过科学的数据分析,制订交通安全设施完善方案,如增设警示标志牌、减速带设施等,力求降低交通事故发生率。

(5)所有工程实施前必须制订详细的施工方案和交通组织设计,经营运单位、路政、交警审核后方可进场施工。并与施工单位签订路产保护协议书及安全协议书,过程中加强养护维修作业施工现场的安全监管,杜绝违章作业。

(6)制订多种应急情况下的预案,参加各种类型的应急演练,落实应急抢险物资,提升应急处置能力。高速公路养护工区覆盖30km,有效保证了应急抢险的效率。

五、积极开展预防性养护及科研、新技术应用工作

道路的预防性养护通常是指路面的预防性养护,主要指通过对路面性能(路面破损状况、结构强度、平整度、摩擦系数)逐年的连续监控和科学预测,在路面性能衰减到某一临界状态之前或即将出现某种病害迹象时,对路面实施的某种具有预防性作用的低成本表面处置措施。一是让状态良好的道路系统保持更长时间,延缓未来的破坏,在不增加结构承载能力的前提下改善系统的功能状况;二是在适当的时间,将适用的措施应用在适宜的路面上。

1. 预防性养护的核心思想

其核心是采用最佳成本效益的养护措施,强调养护管理的计划性。通过对可能出现的路面病害提前处理,达到防止或延缓路面病害的发生和性能恶化,延长路面使用寿命和路面大修重建周期,减少路面维修封路时间的目的。

2. 预防性养护理念的延伸

虽然预防性养护目前更多地是指路面的预防性养护,但预防性养护理念不再局限于路面,对路基设施、桥涵结构物等也积极应用预防性养护理念。在适当的时机,针对适宜的养护对象,采用适用的手段进行养护,把握预防性养护干预措施的最佳时间切入点。

3. 预防性养护理念的转变方法及注意问题

从"修破系统"到"防破系统"的观念转变,即从"坏路优先"向"预防性养护"的转变,重点是按预防性养护模式来实施小修与中修工程。这种转变具有长期性,需要注意以下问题:

(1)对比分析目前小、中修养护标准与预防性养护标准的关系,逐步过渡到以预防性养护标准为主,非预防性养护为辅的工作状态。

(2)完善基本路况信息快速收集方法,满足预防性养护技术要求。

(3)对小、中修路段,主要按预防性养护模式来确定具体养护措施。

(4)加强预防性养护中、长期规划的研究,收集、引进、消化、借鉴、筛选预防性养护专项技术,适时组织相关单位进行技术攻关,根据路况性能有针对性地完善预防性养护干预措施的技术方案。

六、"红棉"营运品牌养护服务措施

完善的管理制度是做好养护服务的基础。经过多年的管理实践,公司制定了比较完善的管理制度和管理措施。各单位在此基础上,结合本路段的实际情况,有针对性地对养护制度和措施及其体系进行补充和完善。

(一)严格养护质量检评制度

结合日常巡查、定期检查等,全面掌握路基、路面、桥涵的技术状况和使用性能,经常检查和统计出现的早期病害,建立路面技术状况数据库管理系统,并按照《公路工程技术状况评定标准》(JTG H20—2007)规定的方法和频率,定期对路面结构强度、抗滑性能、平整度和路面破损状况等进行检测,并采用路面管理系统对路面使用状况进行评价,全面准确地评定路面的实际性能,为预防性养护和维修方案的制定提供依据,科学地制定维修养护措施。

(二)严格路况巡查制度,充分发挥两大系统在养护信息化管理工作中的作用

巡查工作是做好日常养护工作的前提。为了做好养护巡查工作,各项目逐步建立并完善了路面管理系统(CPMS)与桥梁管理系统(CBMS),制定专门的路基、路面、桥涵及沿线设施巡查制度。采取日常巡查、定期检查等方式,对项目的检查频率、方法、病害处理措施等按照统一的规定进行。做到路况病害及时发现、及时汇总、及时处理,及时将路况数据动态采集、录入、更新到CPMS、CBMS系统中,确保路况信息动态化、自动化,系统数据与路况实际的真实状况要动态保持一致。

(三)严格执行养护计划分级管理制度

为确保高速公路养护工作计划能有条不紊地开展,各单位按照作用和时间长短分为中长期计划、年度计划、季度计划和月度计划。

(1)中长期养护计划分别指的是高速公路经营期内阶段性、总体性养护计划,通常中期计划期限在2~3年内,长期计划指4年及以上的养护计划。中长期养护计划主要内容包括大中修规划、改造规划、养护资金安排、完善管理体制和机制、实现管理现代化规划等,由项目营运公司编制,由省公司审查后上报省交通运输厅审批。

(2)年度计划是按照中长期计划、路况检测等情况确定的当年养护生产计划,由各单位编制,上报公司、集团、省交通运输厅及省财政厅审批后执行。

(3)季度计划是按照当年年度计划分解到当年每一季度的养护计划。

(4)月度计划是按季度计划分解到当前每月的养护计划。

(四)严格时限管理规定,做到路况病害及时发现,及时维修

在加强现场检查,及时发现病害的基础上,营运公司制定《病害维修时限管理规定》,严格执行现场检查和病害维修时限管理。力保在规定时限内完成对各种病害的维修,做

到及时发现病害,及时维修,确保高速公路安全畅通。

(五)严格执行《公路养护作业安全操作规程》,落实养护安全作业岗位责任制

养护维修作业严格执行《公路养护作业安全操作规程》(JTG H30—2015),落实养护维修安全作业行政分管领导及具体安全岗位责任人员责任制,各岗位考核实行安全一票否决制。

(六)加强信息化管理及保密工作,落实技术档案管理岗位责任制

养护工程管理信息化工作主要包括两大系统(CPMS、CBMS)的建立与维护,养护工程实施过程中要及时动态收集、整理各种归档资料。技术档案要及时组卷归档,档案内容真实、完整、可靠,案卷编目按档案管理部门要求整理以方便查阅。前期咨询、调研、设计、施工、监理等资料尽量实现电子化管理,专项科研攻关、试验、检测、评估等资料按密级级别决定是否电子化,要加强自主知识产权的自我保护意识,重视企业无形资产管理和企业文化建设。

(七)严格执行《公路桥梁养护管理工作制度》,落实桥梁养护工程师岗位责任制

各项目严格按交通运输部相关文件要求,设置专职桥梁养护工程师,贯彻执行现行《公路桥涵养护规范》,利用桥梁管理系统规范桥涵检查与评定工作。桥涵经常性检查、定期检查、特殊检查(仅限于桥梁)必须按规范规定要求的工作标准和频率执行,确保及时发现结构构件病害发展苗头及趋势,及时采取措施。建立桥涵构造物动态信息卡片,全面掌握构造物技术状况。

(八)建立健全养护管理分级考核制度

为全面、公正、客观地进行养护管理工作绩效,将绩效考核结果与员工利益直接挂钩,各单位养护绩效考核按《广东省南粤交通投资建设有限公司绩效考核管理办法》的相关规定和要求定期进行,营运公司负责养护管养单位月度绩效考核考评及处罚。

第三章

服务品牌的创建措施

品牌建设是一个系统工程,需要在企业运营、经营管理、服务实践过程中逐步完善,要确保品牌创建的质量和水平,实现品牌效应,首先需要搭建好品牌实施的框架和基础。创建之初,公司制定了《营运品牌创建工作方案》,明确思路,责任到人,并将实施过程归纳为四个阶段:一是宣传发动阶段,以宣传创建活动为主,制定特色鲜明、重点突出、操作性强的活动方案,统一思想、明确任务、落实责任。二是组织实施阶段,结合实施方案开展活动,同时树立典型。通过"品牌党支部""青年文明号""工人先锋号""巾帼文明班"等标兵岗位,大力进行争创活动,在公司下属单位多点开花。三是检查整改阶段,结合创建目标和任务,查找差距、分析原因、制定整改措施,集中解决突出问题,完善机制体制。四是巩固提高阶段,总结推广成功经验和做法,开展考评工作。公司及时总结经验,并进行细致深入地研究和探讨,同时以此为契机,探索维护营运品牌的长效机制。

第一节　内外兼修收费服务

收费管理是高速公路的主营业务,也是广大驾乘人员对公路行业的目光聚焦点。公司以运营高速公路为依托,通过培养意识、细化规则、加强培训、严格考核、窗口建设、规范秩序,打造"一个洁美的环境"、展现"一张真诚的笑脸"、让过往驾乘享受"一次舒畅的通行",不断提高窗口服务质量。

一、培养意识细化规则

通过加强相互交流沟通、灌输品牌服务理念、开展批评与自我批评、加强思想教育强化收费人员对文明服务工作重要性的认识,提高收费人员的自觉性和责任感,不断增强收费人员"服务只有起点,没有终点"的服务意识。

严格按照"三个一"收费窗口服务标准,制定并修订了《"红棉之星"评选办法》《"绿色通道"管理制度》《稽查管理制度》《监控管理制度》等20多项规章制度,对队伍建设、组织建设、业务建设等方面加强了管理和监督。同时通过思想政治教育、目标管理、奖优罚劣等多项措施,形成了以人为本的队伍管理长效机制。通过不懈努力,公司形成了用制度选人、用制度管人、用制度育人的管理氛围。

二、加强培训严格考核

公司每月定期组织收费员进行文明礼仪培训,强化收费员的文明服务意识。一是邀请其他高速公路路段的专业人员到各个路段进行文明服务、礼仪、化妆等培训。二是挑选优秀的收费员组成专业培训队伍定期和不定期到各站宣讲、示范,并分析各处文明服务过程中存在的不足,有针对性地进行培训。

根据"质量环"PDCA 管理原则,把"Plan(计划)、Do(执行)、Check(检查)和 Adjust(纠正)"落到实处。公司不定时地进行巡查、暗访;各路段每季度对收费站站容站貌、服务质量和站务管理等进行考核,并根据综合考核成绩确定收费站年度考核成绩;稽查队按规定开展收费一线稽查工作,监控中心 24 小时对现场进行实时监控、轮巡,保证收费站的运营管理符合运营服务质量要求及收费站场整洁、无杂物,工作、生活设施齐全完好,人员服务优质。

三、窗口建设规范有序

一是在服务方面,对收费窗口服务标准做进一步优化、细化,为驾乘人员提供优质、高效、便捷的行车服务,做到贴心服务、专心操作、耐心解释。

二是在设备设施方面,收费窗口全面贯彻"设备标准化、展示标准化、服务标准化、文档规范化、岗位职责化"。站场按规定配备反光锥、防撞桶、反光防撞柱等安全保障设施,各类设施按标准要求整齐摆放。车道配置计重设备、费额显示器、摄像机、手动栏杆、灭火器等设施。安全岛上设有文明礼仪标准动作广告灯箱,收费亭外侧有"微笑服务,幸福同行"的二极管(LED)动态展示。

三是客户体验方面,公司致力于在传统交通工程管理的基础上,充分利用现代化高科技手段,解决和满足人们对交通"高速、安全、舒适"的要求,大大提高了交通运输的安全性和运转效率。以江肇高速公路杜阮北收费站为试点,对不停车电子收费系统 ETC 车道的电动栏杆机进行改造,使其由原来单侧单向改为双侧对开,抬杆速度由 0.6s 提高到 0.3s,同时提高天线感应能力和扩大天线感应范围。此外,在江肇高速公路一些站点设置了"左侧小型车通道"限高栏杆。这一举措既有效防止大型车辆驶入免费专用车道,从而确保重大节假日期间 7 座及 7 座以下小型客车的快速、安全通行,又节省了人力物力。

建立规范有序的收费现场秩序是品牌建设的重要环节,既能给驾乘人员带来高效便捷的通行体验,也能体现出营运单位的管理水平和对收费政策的执行能力。公司严格贯彻落实国家及广东省相关收费政策,推出相关举措:一是加强宣传培训,对所属路段周边的村庄和学校、企业人员进行高速公路相关政策宣传;二是加强员工培训、交流学习、技术支持,在"绿色通道"车道管理和节假日小客车免费放行方面做到规范又快速;三是联合公安、交警、消防、综合执法等部门开展专项整治行动,对恶意堵塞车道和偷(逃)通行费的行为进行有效治理。

四、因地制宜各展芳华

为促进公司营运管理和服务水平持续有效提升,公司进一步对"红棉"营运品牌开展全面对照排查、整合提升工作,并结合各路段、中心站、班组的特色,着力打造"特色红棉",让"红棉"品牌开枝散叶。比如,韶赣高速公路制定了《深入推进红棉品牌建设实施方案》,江肇高速公路制定了《"最美红棉班组"评选办法》。其中,化湛高速公路打造了"红棉化湛"虚拟现实技术(VR)体验培训馆,以更细致全面的服务,展现"更温馨真诚的文明服务、更美观整洁的窗口形象、更安全便捷的行车环境、更畅顺舒适的行车体验"的服务承诺。

(一)三个"子红棉",花开红比朝霞鲜

为深入推进品牌创建,立足政府还贷高速公路的公益性和服务性,公司在巩固品牌创建成果的基础上,深挖"红棉"品牌价值和潜力。韶赣高速公路融合沿线岭南地域特色,多层次、分重点地推进3个中心收费站的"省界红棉""巾帼红棉""风采红棉"的品牌深化建设,巩固和拓展红棉品牌创建成果。

(1)立足"红棉"服务提升,深挖"红棉"品牌价值和潜力。该路段结合营运工作实际和各中心收费站的营运特色,确立了"省界红棉,艰苦中尽显璀璨","巾帼红棉,飒爽英姿更鲜艳","风采红棉,韶华正茂更芬芳"的子红棉品牌,完成了品牌展厅的建设和站场靓化,制定了红棉品牌展厅管理规范,加强了红棉解说员的选拔和培养力度,建立了一支集服务培训、业务解说为一体的高素质红棉培训队伍。其中,刘美秀是"省界红棉"的杰出代表,作为公司的"收费状元",她已连续收费一亿元无差错,获得"南粤建功立业女能手"的称号,又被中国公路学会授予"中国最美路姐"称号。黄子桓作为"巾帼红棉"的代表,荣获广东省高速公路发展促进会举办的车辆通行费收费员技能竞赛"三等奖"和"广东省交通技术能手"称号。

(2)以"红棉服务"宣传为突破点,组织"红棉服务"宣传团队前往广州、佛山、赣州、吉安等地客运公司和大型物流园开展省内外服务宣传活动。向货车车主派发韶赣高速行车指南,进一步加强"红棉"营运品牌宣传推广。

(3)以宣传导向为着力点,通过传统的有形载体(收费站场、服务区宣传栏、宣传单页、沿线广告标牌以及报刊等)和新兴的无形载体(美篇、微信、应用程序App等)相结合,实现品牌服务与价值延伸,扩大品牌的影响面。

(二)最美"红棉"班组,深化"红棉"服务

收费班组是基层的管理单位,更是品牌建设最重要的战斗堡垒。为进一步深化品牌

建设,江肇高速公路制定并实行《"最美红棉班组"评选办法》,在原"红棉之星"和"红棉收费班"的基础上设立"最美红棉班组",以数据指标甄选出社会反响好、文明服务佳的班组和业务管理不规范的班组,以绩效的手段奖优惩劣、优中选优、责任到人,从而增强了班组的协作能力、提高了员工的服务水平。吕勉萍作为"南粤建功立业女能手"和"中国最美路姐",以她的专业和耐心为"最美红棉班组"的创建树立了执行榜样。

(三)巾帼建新功,红棉别样红

广中江高速公路围绕"两个创新"的管理思路,进一步提升"红棉"品牌,以荷塘收费站为基点、巾帼建新功为目标,大力开展"巾帼文明岗"争创活动,并提出"巾帼建新功,红棉别样红"的创建口号。一方面通过开展制度学习、技能竞赛、业务培训等活动,夯实人员收费技能基础,以"人人都是收费能手"为目标,形成一种你追我赶的良性竞争氛围。另一方面通过开展文明服务培训工作,分析收费人员在文明服务过程中存在的不足,有针对性地进行培训,不断增强收费人员"服务只有起点,没有终点"的服务意识。

(四)"红棉"初绽放,新阳耀南粤

新阳高速以"满意在岗亭、舒适在路途、服务在沿线"为总体要求,以"温馨窗口、暖心驿站、舒心旅途"为活动载体,认真对照"红棉"营运品牌内容和"三个一"收费窗口文明服务标准,开展全面排查、建设、整合、提升工作。主要通过对内建造"红棉"炼(亮)星室、改造收费现场"一室一区一亭"、建立基层管理岗选拔制度、开展"红棉之星"评选活动、组建"红棉培训队"并定期巡讲、举办收费业务技能竞赛,对外推行"三快两准"服务、升级监控中心双向服务职能、定制差异性的收费现场"三洁美"、中心站营运品牌特色打造、开展"精党建、带团建、心服务"活动,开展"红棉站长、红棉志愿者推广日、服务日"等活动,从"内"到"外",多层次、分重点地推进品牌建设工作。新阳高速充分发挥管养并重、品牌辐射、关联拓展的作用,全方位展现政府还贷高速公路营运服务特色。

(五)VR新技术,科技"红棉"路

化湛高速公路立足自身管理特色,依托前卫的虚拟现实技术(VR),建设了"红棉化湛"VR体验培训馆。场馆围绕"红棉化湛"这一主线,以虚拟现实体验、收费车道模拟、"红棉"服务示范、收费业务竞技四个核心功能为依托,辅以全息投影引导、互动查询、"红棉"品牌展示功能,打造出集体验、示范、模拟、竞技、引导、查询、展示七位一体的"红棉化湛"VR体验培训系统。为收费系列员工打造科技化、智能化、互动化的培训场所,形成一套标准化服务体系,规范窗口服务标准;同时,对外树形象,努力为广大驾乘提供"畅、安、舒、美"的通行环境,塑造政府还贷高速公路的良好形象。

第二节 主动作为路政护航

公司持续深入开展路政"红棉"服务品牌建设,一方面依托江肇高速公路相关经验,制定《路政品牌手册》,确立了"放心、热心、贴心、耐性、舒心"的服务标准,另一方面充分发挥和推广韶赣高速公路的标杆效应,打造标准化路政管理,进一步提高路政品牌的美誉度、知名度。

一、强化执行力,抓牢着力点,争创一流管理

(一)建章立制,用制度管理一切

没有规矩,不成方圆。建章立制,就是做到处处有章可循。各路段以规范管理为着力点,争创一流管理,做到"事权行使到哪里,制度建设就跟进到哪里",相继出台了赔(补)偿案件处理程序、桥下检查、施工现场安全管理等多项管理制度,并根据路政工作实际,编制了涵盖路政各方面业务的《路政管理文件汇编》和《路政标准化工作手册》。

(二)联勤联动,齐抓共管显成效

各路段实行全范围、立体式的联勤联动机制,开展跨省协作、跨区域、跨部门联合执法,齐抓共管,切实保证了各项业务的顺利完成。

1. 加强跨省和区域的联勤联动

韶赣、仁新、潮漳都是通往外省的重要通道,路政管理难度大,困难多。为解决这些难题,各路段加强与邻省路政、交警的协作配合,建立了相连区域联合巡查机制,实行信息互通、及时共享,效果显著。同时各路段加强了与联网收费区域路段的联勤联动,在相邻区域道路发生事故或拥堵时,及时与对方路政、交警部门沟通,发布提醒或绕行信息。通过监控中心,各路段搭建了方便快捷、高度共享的互通平台,实现了信息及时发布,事故及时处理,道路安全畅通的目标。

2. 加强与公安交警、综合执法的联勤联动

各路段与公安交警部门加强沟通,紧密配合,双方采取交叉巡查方式,齐抓共管,提高了路面见警率,能够高效处置突发事件,共同保障高速公路的安全畅通。各路段还与当地交通综合行政执法局建立了良好的业务协作关系,成立协作领导小组,设立专职联络员,双方紧密配合,共同打击违法行为,取得明显成效。

在路域环境整治方面，按责任区域划分，路段各部门对管辖区域内的路容路貌、红线控制区、桥下空间、服务区、停车区等进行排查，重点排查护栏和隔音板上的"牛皮癣"、红线控制区违章建筑、违章广告等，并建立排查工作台账，并将排查结果按类分别报地方综合执法局和养护单位处理。各路段在路容路貌、绿化及污水处理能力排查整治方面，一是组织对全线的路面垃圾、站场（停车区、生活区）污水处理能力、设施排污水平进行排查，并有计划有步骤地开展处置工作；二是做好路面、收费站两侧的公路附属设施修补、清洁，提升附属设施整洁度；三是对收费站广场及休息区周边的环境进行日常保洁，并对广场、车道地面油污的清洁以及边坡杂草等情况进行了排查。

二、加强硬件建设，瞄准提升点，实现一流装备

工欲善其事，必先利其器。各路段利用有限的经费，配置了路政执法作业基础装备，建立了路政档案库房，增置了路政人员安全防护装备，完成了统一执法场所外观形象建设试点工作。

1. 路政执法装备

按照一流装备的要求，不断完善路政执法作业硬件设施。每个中队都配备了 2~3 辆路政巡查车，配置了必备的勘查工具、办案工具，安装了车辆全球定位系统（GPS）行驶记录仪、车载电子情报板、车载探照灯等基础装备。此外，还对巡查车辆进行了科学合理的改装，配置了车载移动办公设备，使得路政移动办公更灵活、更便捷。

同时建立了一套完善的路政网络集成系统，包括路政营运管理系统、路政业务办公系统、办证大厅触摸屏信息发布系统、路政 GIS 电子地图应用集成及路产建库、车载移动视频监控系统，构建了集信息查询和发布、网上办公、网上投诉于一体的路政信息化服务平台，大大提高了路政管理的现代化、科技化水平。

2. 个人安全防护装备

各路段把路政人员的安全放在第一位，不断加大人员安全防护装备的投入。为有效保护路政人员的自身权益和生命安全，各路段路政大队为外业巡查人员配备了现场执法记录仪、安全警示肩灯等个人安全防护装备，做到"巡查必携带、处置必使用"。

3. 设立专门的路政档案室

各路段建有专门的路政档案室，并购置了必要的专用设备，增加了专职档案员。档案员经过系统培训，可在 3 分钟内调出有关文件信息。另外，库房内档案归档载体多样，除纸质文件外，还有刻录存储着路政执法声像资料等的光盘载体。

4.统一执法场所外观形象建设

各路段按交通运输部规定的标准对外观门楣、牌匾、竖式灯箱、玻璃防撞条、立面色带进行整饰和建设,并对窗口背景墙、政务公开栏、政务受理柜台和执法人员岗位名牌等内观形象统一进行布局装饰,切实做到了统一执法标志标识、统一执法证件、统一执法服饰、统一执法场所外观的"四个统一"。

硬件设施的完善和升级,有力提高了路政队伍的执法效率,更好地保障了路政人员在执法过程中的人身安全,切实提高了路段维护路产路权的整体水平。

三、真抓实干,找准发力点,争创一流业绩

(一)扎实开展路政巡查,维护路产路权

(1)坚持工作流程标准化。结合路政巡查过程中的主要内容,各路段制订了标准化工作流程,人员开展巡查时认真做到"一看、二查、三记、四报、五跟进"。

"看",就是仔细巡看。巡看路面、桥梁、涵洞及交通安全附属设施、建筑控制区有无损坏路产设施的行为及违章占用公路、影响道路交通安全等的违法行为。

"查",即是多方调查。对所发现的路产损失案件及时进行全方位调查,了解真实情况,掌握第一手资料,制作相关法律文书。

"记",就是准确记录。及时、准确、全面、完整地将巡查时发现的情况记录在巡查日志中。

"报",即随时上报。路政巡查过程中发现交通事故、违章建筑、突发案件、路况信息等情况应及时上报并跟进处理。

(2)排查安全隐患,确保安全。将日常巡查和专项检查相结合,贯彻落实安全生产工作的要求,强化监管,既突出重点、有的放矢,又坚持全面细致,不留"死角"。在日常巡查中,把桥梁、涵洞、隧道和养护施工作业现场等作为巡查重点,做到勤巡路、勤排查。

(3)维护路产路权,尽职尽责。各路段开通伊始就对全线公路两侧建筑控制区内的建(构)筑物进行了全面排查登记,严格按照公路法规处置违法行为,做到不搞"人情"执法、"感情"执法,对公路违法案件坚决依法处理。

(二)打击车辆逃费,效果明显

为打击车辆冲卡逃费等违法行为,各路段联合辖区交警、地方公安机关、收费稽查部门和交通综合执法机构等部门,持续开展专项打击行动,采取不定期昼夜蹲点、明暗结合的方式,安装闯关智能阻车器等措施,有效遏制了车辆冲卡行为,有力维护了高速公路的

合法权益。

(三) 路政许可服务，热情周到

各路段设立了专职路政许可办事员。为实现依法办事、方便群众的目的,各路段在以下四方面下功夫:

一是在大堂设置了电子触摸屏,申请人可轻松查询相关信息;在申请人服务区配置了专用电脑,放置了各类许可申请表范本,既方便了群众,又提高了现场办公效率;

二是制作了许可办事流程表,细化了许可申请的流程步骤,使申请人对整个流程一目了然;

三是充分利用省公路事务中心路政信息平台进行申报操作,实现无纸化办公,提高了许可审批效率;

四是设立了党员服务窗口,增强了与申请人的亲切互动。

(四) 节假日保畅通，全力以赴

每逢节假日之前,路政人员均能主动联合高速公路交警,研究制订细致严谨地应对保障实施方案和收费车道保畅联动方案,确保组织领导、目标责任、机制措施、人员力量、技术保障、应急预案的"六到位"。同时在节假日当日加大路面巡查力度,及时发布路况信息,及时主动与相邻路段互通信息,引导车辆灵活选择行驶路径,确保车辆无障碍通行。

(五) 服务为民，执法不忘普法

路政人员在执法过程中,从小事、细处做起,主动为过往驾乘人员排忧解难,做到有难必帮,用实际行动践行了"文明执法,热情服务"的工作理念。在法规宣传方面,坚持开展"走下车,面对面"的宣传活动,深入农村、机关、学校、厂矿企业等宣传公路法律法规。

经过规范化管理,各路段的结案率和索赔率一直保持在较高水准;出警时间提速到4分钟以内;到达事故现场时间控制在25分钟以内;一般路损案件处理时间在30分钟以内。在廉政建设和文明执法中,路段没有发生一起投诉,取得了"高索赔、高结案、高效率、零投诉"的成绩。

四、突显服务区的公益性质，做好服务区服务质量提升

以提升社会公众出行服务质量为主线,以环境卫生和文明服务为重点,立足基本服务和日常管理,各路段进一步健全完善工作机制,加强服务设施维修改造,强化标准化服务管理,服务区力争达到公共设施完善、环境卫生整洁、秩序规范良好、服务温馨文明的工作

目标,确保服务区服务质量得到显著提升。

(一)多层次商谈,服务提升工作拉开序幕

由路段领导与服务区经营单位负责人进行商谈,将服务区服务质量提升工作的重要性、紧迫性传达至服务区经营方。在部门层面,由路产管理部分别与各服务区管理人员就服务质量提升工作进行充分探讨,制订各种举措提升服务区服务质量。

(二)签订协议,为监管工作打下坚实基础

与服务区经营单位签订服务区经营管理协议,协议中根据《全国高速公路服务区服务质量等级评定记分细则》的标准和要求,制定了详细的考核细则,明确各细项考核不达标时的处罚金额,协议的顺利签订将有效地加强服务区监督考核的力度。

(三)明确人员配置,加强保洁、保安力量

把卫生间保洁及公共场区秩序作为重点工作来抓,根据服务区人流量情况分别在早班、中班、晚班配置合理的保洁和保安人员。同时要求早、中班期间安排1名保洁驻守公共卫生间,做到及时发现,及时清理。

(四)自查自纠,各项工作有序推进

各路段路政中队对辖区内的服务区,对照《全国高速公路服务区服务质量等级评定记分细则》的标准和要求,与服务区管理人员共同对各自服务区进行全面排查,同时针对存在的问题,提出整改措施及整改完成时间,并要求各服务区拟定出《××服务区服务质量提升工作计划表》。采取专人驻点的形式进行现场督导,落实责任,跟进整改进度,确保各项整改按时完成。

(五)创新模式,加强服务区监管工作

各路段路政中队合理调配人员,确保服务区服务质量提升工作期间,对各服务区每天检查不少于4次,重点关注卫生间环境卫生和公共场区车辆秩序。同时为使各服务区监督检查取得实效,路政大队将不定期组织各路政中队对服务区进行随机交叉互检,严格按照《全国高速公路服务区服务质量等级评定记分细则》的标准和要求,认真细致地开展检查工作,敢于较真,敢于深挖细查,确保达到检查目的。

(六)加强培训,打造高素质员工团队

组织服务区从业人员认真开展文明服务、业务技能培训工作,从微笑服务、仪容仪表、文明用语的细致讲解到保洁、保安业务操作流程的标准化、规范化的培训。通过严格把

关,逐一考核的方式,促使员工把所学知识融会贯通应用到实际工作中去,全力打造出一支业务技能强、服务意识佳的高素质员工团队。

(七)加强商户管理,营造良好经营环境

各服务区应进一步加强对区内经营秩序的管理,杜绝非法摆摊设点情况发生,同时规范各商户的经营行为,做到售卖商品明码标价,不销售假冒伪劣、"三无"产品,在日常经营活动中做好文明服务,热情待客,营造出良好的经营氛围。

(八)开展便民活动,贴心服务暖人心

路段联合服务区经营方在服务区内开展以"用心服务、畅享交通"为主题的便民服务活动。设立便民服务咨询点,受理车主投诉和建议,提供热水、手机充电器、简易修理工具、应急药品和出行指引咨询等服务。

第三节 固本求新科学养护

公司着力推进"红棉"养护品牌建设,推进养护标准化管理,维护好"南粤品质工程"建设既有效果;优化日常养护区域化管理,落实养护基地规划及标准化建设;抓好结构物定期检查、排查及对缺陷的整治,提升道路通行安全水平;提前部署和落实各界全国干线公路养护管理检查和广东省公路养护管理检查工作;加强养护精神文明建设,争创集团内养护管理"先进单位"。

一、协同推进建设养护工作

针对2018年增加的560km新通车路段现状及与集团合并管理的特点,公司印发《2018年度养护管理工作方案》指导年度工作。在集团内率先提出打造养护品牌及养护管理示范路目标,印发《养护"红棉"品牌创建实施方案》,统筹谋划养护重点工作。公司以养护视角推动做好建管养一体化工作,指导新通车项目落实《营运期养护需求若干意见》,参与建设项目建管养监测系统研究,指导项目落实养护需求。

二、对接集团养护管理制度

对接集团养护管理制度,结合集团养护考核制度,修订了公司养护考核评分标准。制

定养护工作标准,树立以江肇项目为代表的养护管理标杆,结合专项检查督促新通车营运项目抓好落实。承担并开展了集团与公司合并管理后的养护基地规划调整和深化研究工作。推进集团养护信息系统上线,完成数据采集、录入、系统使用培训等前期工作。

三、强化养护业务管理

创新采用"公司牵头总体设计+各营运单位设计并行推进"的模式开展隧道出入口整治工作,高效完成了公司所辖路段57处隧道出入口整治。按时完成了隧道安全风险防控、国高网路线编号调整、服务区升级改造等政策性工作节点任务。

机电方面,五年来,机电养护管理经历了外维单位重新招标、全省高速公路联网收费"一张网"、全国ETC不停车收费系统联网、货车全计重收费、"十二五"全国干线公路养护管理检查等一系列关键性工作,无论日常养护管理还是专项工程管理水平均得到稳步提升。这主要体现在:一是实现了设备故障及时修复率100%,设备完好率98%的优良指标;二是通过加强技术管理及内业档案管理工作,建立实时的知识共享体系,实现了故障案例的可视可查,故障解决时效性得到有效提升。

四、项目建养平顺衔接

及时开展了新通车项目结构物定期检查项目招标,确保各项目在竣工验收前完成定检工作,为后续缺陷处理及竣工验收打下基础。坚持以"故障响应快、专业素质强"为中心,服务大局,充分发挥信息主渠道作用,助推高速公路营运管理工作向纵深发展,完成新通车项目土建、机电日养招标,协调各项目推进养护基地建设,确保养护顺利衔接。

五、强化公司统筹引领

一是根据集团制度和要求,积极探索,勇于创新。二是完善制度,根据集团相关制度和公司营运工作实际需求,修订并印发了《营运单位绩效考核办法》,拟定了《广东省南粤交通投资建设有限公司机电养护实施细则》及《服务区管理办法》,进一步夯实营运管理体系建设。三是节约资源、有效管控。综合分析各营运单位近两年水电费使用情况,下发加大营运单位水电费管理的通知,进一步规范服务区(停车区)、生活区、收费站及隧道的水电使用,督导各项目建立健全相关管理机制。四是通过召开年度养护工作会议、部颁新规的宣贯会等,提升各营运项目年度养护管理水平。组织各项目与省外单位进行交流,吸收先进经验及做法。在集团层面率先推动养护精神文明建设,编制了"养护能手"评选方案,为"红棉"养护品牌创建提供抓手。

六、日常养护筑牢基础

（1）健全养护管理组织机构。根据集团高速公路营运管理规范要求，健全养护管理部的组织架构，充实技术力量。结合 2018 年交通运输部《公路沥青路面养护设计规范》《公路技术状况评定》《养护工程质量检验与评定标准》等新标准，组织人员及时了解最新标准，掌握行业动态。积极安排人员参加养护相关业务工作的培训，提高养护管理水平。

（2）科学编制完成各年度养护计划，做好养护巡查。其中，日常巡查主要由养护单位实施，巡查频率为 1 次/天，养护管理部每星期巡查次数不少于 2 次。在台风、雨季及其他恶劣天气来临之前和发生之后，对交工验收中存在质量缺陷的路段，及沿线高边坡、软基路段、相关交安设施基础等区域适当加大巡查频率。经常性检查由路段养护管理部组织实施，对桥梁、涵洞、隧道、边坡、交通安全等各类工程设施进行检查。经常检查应做到制度化和规范化，及时将巡查数据录入桥梁、隧道等管理系统。

（3）加强对小修保养原材料的管理，完善养护质量考核办法，加强考核管理力度，建立系统化、规范化的养护考核体系，不断提高养护管理工作水平。强化养护修复时效性管理：相关交通事故清障，养护单位人员须在接到通知后 30 分钟内到达事故现场，对于涉及行车安全的交安设施缺损、路面坑槽等的修复，养护单位必须在 24 小时内完成，暂时不具备修复条件的，要做好警示标志或者临时安全措施。

（4）根据国家法定节假日的特点，编制完善应急保畅工作方案，贯彻落实节假日值班制度，保持值班、带班人员手机 24 小时畅通。督促养护单位完善应急物资管理台账，不定期地对养护单位储备的应急物资、应急材料及设备数量进行检查，确保满足应急抢险需要。

（5）建立"高速公路桥梁管理系统（BMS）"及"高速公路路面管理系统（PMS）"，同时应根据路段实际情况，建立"高速公路隧道管理系统（TMS）""高速公路高边坡管理系统（HSMS）"等养护信息化系统，并定期采集及更新养护信息系统的数据。

（6）按照合同约定督促日常养护单位配备符合规定要求的管理人员、技术人员、施工人员、机械设备，为开展好日常保洁和维修保养提供良好基础。检查督促日常养护单位按照合同规定做好路况巡查，做好巡查记录。在日常巡查过程中发现影响道路安全畅通的隐患病害时，必须按程序在养护信息平台上完成《养护任务通知单》，并通知日常养护单位及时处理。检查督促日常养护单位按照合同规定做好路基、路面、收费广场、桥面的清扫保洁、做好路基路面和桥涵排水系统清理工作，并逐步提高养护质量，确保道路安全、畅通、舒适、耐久。

（7）科技护航加强管养。部分路段结合地理信息系统——基于监控中心连接大屏的应用对沿线设施、设备、车辆、告警、事件、收费等数据进行统计分析投屏显示,并可根据日常运营业务的需求,实现日常监控场景、应急处置场景、隧道监控场景、节假日保畅场景、数据可视化场景等业务场景的定制开发,还可提供智能分析和告警服务。通过高分可视化平台集成各业务子系统,实现对交通监控、视频图像、事件管理、应急指挥的集成监控,有效提升运营管理效率。

七、专项检查提质升级

韶赣高速公路和江肇高速公路紧扣2015年"十二五"全国干线公路养护管理检查和2016年广东省公路养护管理检查工作要求,认真部署,真抓实干,养护管理水平、综合保障能力和窗口服务水平显著提升,路容路貌大为改观。两路段顺利通过了检查,取得了较好成绩。

(一)提前谋划、全局部署,筹备工作扎实推进

公司接到任务后,快速制订相关工作方案,在一些项目的安排上充分考虑了"省检"工作的需要,组织营运项目进行路况排查,并依据路况养护质量检评情况安排维修计划,使路况整体水平保持在"良好"以上。通过开展管理规范年建设,科学部署养护示范路等专项工作为"省检"奠定了基础。

(二)分工明确、各司其职,迎检工作落实到人

公司组织全体管理人员参加动员会,同时成立工作领导小组及迎检办公室,具体负责各项工作的组织实施。办公室下设四个工作小组(即路况整治及养护管理迎检组、路政管理迎检组、收费管理迎检组、宣传及后勤迎检组)。各工作小组就管辖范围内的任务制订工作计划,要求"每周一简报",做到有计划、有检查、有落实,确保各项迎检工作落实到位。

(三)高度重视、精心组织,模拟检查促进提升

公司多次组织召开"迎省检"工作推进会议,听取项目工作推进情况,并提出意见及建议。路段多次组织模拟检查,对检查发现的问题落实到个人,同时邀请属地交通主管部门参与检查,确保养护管理检查不扣主观分,路况检测不扣分。

(四)精细管理、规范统一,内业管理再上台阶

各路段部门专门组织会议逐项研究讨论,针对每项检查内容提出了相应的备检材料项目清单,并进一步明确各业务板块备检材料,编制整理了各级养护备检材料清单。为保证各业务部门备检材料的统一,公司及路段一同讨论座谈,逐项逐条对备检材料进行讲

解,并多次组织养护管理规范性内业检查,按照评分标准进行模拟打分。

(1)实现内业资料管理规范化。针对这次规范化管理的检查内容,各路段对历年编写的规章制度、下发的文件、检查的材料等内容有针对性地进行了归纳整理,修订、补充了养护管理、收费管理、路政管理、服务区管理等方面的规章制度,并分别将省部级规章制度、公司规章制度、路段级制度三个层级的制度进行汇编。

(2)形成高标准的综合汇报材料。一是按要求编制整理了迎检资料;二是完成了典型经验材料的编制工作;三是完成了演示文稿汇报材料、宣传视频、展板等一系列配套资料的编制工作。

(五)精心部署、落实责任,通行环境明显改善

通过开展路面养护综合处治专项工程,路容路貌、服务区整治等一系列省检专项整治工作,大大提高了公路技术状况指标和路容路貌,营造了"畅、安、舒、美"的通行环境。主要有以下几方面工作。

1. 开展养护工区升级改造工程

对养护工区进行统一规划,分期改造,完成一期应急仓库、机械停放场、材料堆放场、场区道路、电力管道、排水管道、绿化等项目。

2. 开展路容路貌整治工作

(1)绿化养护方面:对全线中分带、路侧、互通立交、隧道口、收费站、服务区的绿化进行了专项清理整治工作。重点对标志牌遮挡、中央带修剪、苗木补植进行专项整治,不断提升道路养护管理专业化水平。

(2)土建养护方面:对全线滑塌边坡、不符合要求的防眩板、轮廓标、标志牌、标线、波形护栏、路面坑槽裂缝进行了处治,并集中清理了全线排水系统等。从资金投入、技术支持、设备购置、应急保障等方面着手,推行养护示范路建设,落实"畅、安、舒、美"的养护任务,使得公路技术状况一直保持在良好水平。

(3)路域环境整治方面:积极配合地方交通综合行政执法局做好路域环境整治工作。一是加强宣传引导,坚持预防为主。联合当地政府、公安、村委多次前往沿线机关、村庄、学校等地,开展护路护线路政宣传活动。二是加大巡查力度,强化源头管理。对在公路安全保护区内的违法行为做到发现、制止、报告、告知"四及时",并做好跟踪反馈和相关记录工作。三是联勤联动,定期开展专项整治行动。对沿线较为突出的(占)利用高速公路桥下空间问题进行集中清理整顿,有效改善路域环境。

第四节 温馨旅途惬意港湾

服务区具有餐饮、住宿、休息、娱乐、购物、通信、车辆加油、维修、停车清洗等多种服务项目及服务设施,主要满足旅途用户的各种需求。服务区管理的目的是向用户提供热情、舒适、方便、周到的全天候服务,能够迅速消除用户生理、心理的疲劳。服务区管理应提倡优质服务、微利经营。

一、完善服务区设施设备

在加强对各类设施设备日常管养的基础上,服务区增设了休闲文化长廊、电动汽车充电站、母婴室、第三卫生间等便民设施,引进了"青蜻蜓"知名休闲客房品牌;进一步规范了服务区标志标线,并增设照明灯具实现了场区夜间照明良好和停车场区照明无盲点的效果;场区绿化也达到了"乔灌结合、花草搭配、三季有花、四季常青"的效果。

以"青蜻蜓"(轻停站)休闲客房为例,客房采用了休息舱的形式,室内配置沙发、空调、热水、多媒体电视以及无线网络等设施。"青蜻蜓"依托互联网优势,开通了线上预定渠道,推出微信公众号和手机端软件订舱服务,能够快捷、方便及时地为客户提供订舱服务。

二、修订服务区管理标准

集中国石油、中国石化、广东通驿等公司的服务区管理经验,公司修订完善了《服务区管理手册》和《服务区管理办法》及其实施细则,梳理完善了服务区经营管理、业务标准化操作规程等10余项行业管理制度,进一步规范经营行为和作业标准。同时,加强了制度宣贯、人员技能培训等,提高了从业人员的业务素质和文明服务水平。

三、规范服务区卫生管理

各服务区实现了环境卫生常态化管理。各服务区保洁人手和用具充足,保洁工作及时到位,实现了保洁24小时监管,定期开展绿化带杂物捡拾、沟渠清理、门窗擦拭、灭杀蚊蝇等环境卫生专项行动,将服务区垃圾、污水进行无害化处理,保持场区干净整洁常态。

四、提升安全管理水平

一是改造监控系统、增加安保力量。增加场区高清摄像头数量,协调公安交警增设警亭等设施;增加安保人员,加强安保人员的监控、巡查力度,重点加强对场区、油站、餐饮等区域的日常安全巡检、秩序管理工作。

二是和当地派出所开展平安共建活动,发动全员参与安保,为顾客提供无处不在的保护。

三是各路段健全和完善了重大节假日应急管理机制,并开展应急演练工作。

四是创新建立多项安全保障机制。韶赣高速公路珠玑巷服务区首创性实行"被盗油品免费补充"措施:该服务区承诺,凡在该服务区停留期间发生车辆油箱内油品被盗,经核查情况属实的,给予免费补充被盗油品措施。

五、综合服务亮点纷呈

一是设置触摸屏信息查询系统、全自动停车位管理系统推动信息化服务;二是规范商店超市经营工作,对瓶装水、方便面等大众商品实行"同城同价";三是加强汽车维修、汽车加油及充电等经营管理工作,推广使用节能环保技术;四是在显著位置公示服务监督电话及服务承诺,设立便民服务咨询点。各服务区多次开展便民服务,主动热情地为经停服务区休息的公众提供帮助,送上凉茶、指引路线及提供应急药品等,文明友善地传递红棉"愿为飞絮衣天下,不道边风朔雪寒"的精神。

第四章

品牌成绩及效果展示

自开展营运品牌创建活动以来,公司不断建立健全人才选拔制度,培育了一批德才兼备的员工。公司和各运营高速公路路段所获得的各种荣誉和成绩也纷至沓来,社会评价不断提高。"红棉"创建成效斐然,呈现一派"落叶开花飞火凤,参天擎日舞丹龙"的景象。

第一节　选贤择能展活力

人才,是营运品牌建设的推动者和践行者,也是建设成果的一部分。公司已构建了健全的人才培养体系,一是合理预测人才需求,做好人才的招聘和培养工作。二是明确人才培养措施,使人才不断成长,提高其专业技能。三是制定并实施完善的激励考核制度,形成竞争活力,不断提高员工的工作效能。

第二节　"红棉之星"树典型

自品牌创建以来,各路段涌现出了一批爱岗敬业、勇于奉献,员工普遍认可,客户满意度高的优秀收费员。通过召开"红棉之星"表彰大会,开展"红棉之星"巡讲活动,开辟"红棉之星"宣传专栏等举措,树立了"红棉"服务的典型,这些典型成为全体员工争相学习的榜样。

第三节　品质见证创佳绩

荣誉是品质的最好诠释。自品牌创建以来,公司不断开拓进取,用荣誉见证品质,用品质见证实力,得到了上级和行业主管部门的肯定和嘉奖。2014年至2018年,省南粤交通公司共获得省部级以上集体和个人品牌类荣誉40次,其中2014年江肇高速公路荣获广东省"青年文明号"称号,韶赣高速公路梅关收费站获得广东省总工会"工人先锋号"荣誉称号。2015年经交通运输部评定,公司所属珠玑巷、韶关东服务区入选"全国百佳示范服务区"(广东省仅入选四对服务区),鼎湖、龙口、丹霞服务区入选"全国400优秀服务区",韶赣高速公路被交通运输部授予"全国交通运输行业文明单位"称号。2016年江肇高速公路、韶赣高速公路获得广东省交通运输厅"十二五"广东省高速公路养护管理"先进单位"称号。2017年韶赣高速公路珠玑巷服务区被交通运输部评为"全国百佳示范服务区",潮漳高速公路被交通运输部、应急管理部授予2017年度公路水运建设项目"平安工程"。2018年韶赣高速公路被中交企协评为"全国交通运输文化建设优秀单位""第四届中国最美高速路",化湛高速公路被中华全国总工会授予"工人先锋号"荣誉称号。

第四节　品牌视觉和效果展示

一、品牌理念体系

（一）品牌内容（图4-1）

品牌名称	"红棉"高速公路服务品牌	服务对象	驾乘人员
品牌内涵	温馨　美观　安全　畅顺	服务主体	从业人员
品牌理念	用心服务　畅享交通	品牌价值	温馨真诚的文明服务　美观整洁的窗口形象　安全便捷的行车环境　畅顺舒适的通行体验
品牌口号	温馨旅途　畅行南粤		

图4-1　品牌内容

（二）服务理念（图4-2）

图4-2　服务理念

（三）品牌释义

（1）红棉花（图4-3）又称"英雄花",为广东省省花,具有鲜明的岭南地域特性。

（2）红棉花开花最早,引领百花齐放。红棉花开满园春,吐蕊烂漫为先导。用此花作比,有作为广东省改革开放的领头羊和政府还贷高速公路管理者的寓意。

（3）红棉花火红艳丽,如火怒放,象征高速公路事业蓬勃向上的生机和活力;红棉花给人温暖、热情、奉献的感觉,代表着高速公路人一颗火红的心和用心服务的一贯理念。

二、视觉识别系统

（一）品牌标识(图4-4)

（二）红棉之星(图4-5)

图4-3　红棉花

图4-4　品牌标识

图4-5　红棉之星

（三）红棉亭(图4-6)

图4-6　红棉亭

三、行为识别系统

(一)收费窗口标准动作(图4-7)

图4-7　收费窗口标准动作

(二)整齐列队展示(图4-8)

图4-8　整齐列队展示

（三）标准姿态展示（图4-9）

图4-9　标准姿态展示

四、文明驿站

（一）全国百佳示范服务区——珠玑巷服务区展示（图4-10～图4-14）

图4-10　珠玑巷服务区全貌

图4-11　珠玑巷服务区休息大厅

图 4-12　珠玑巷服务区风景画廊

图 4-13　"红棉"元素随处见

图 4-14　便利店实行"同城同价"

（二）全国百佳示范服务区——韶关东服务区展示（图4-15、图4-16）

图4-15　韶关东服务区全貌

图4-16　韶关东服务区休闲长廊

（三）全国优秀服务区——鼎湖服务区展示（图4-17、图4-18）

图4-17　鼎湖服务区全貌

图 4-18　鼎湖服务区温馨书吧

五、科技引领(图 4-19～图 4-22)

图 4-19　化湛高速"红棉"展厅长廊

图 4-20　VR 培训区

图 4-21　全息投影引导员

图 4-22　VR 情景体验

第五章

展望

品质是品牌的保障,服务是品牌的根基,服务是品质的窗口。随着科技水平的进步和民众出行需求的提升,下一阶段的营运服务更趋向于智能化和无人化。省南粤交通公司将会紧扣时代脉搏,紧跟顾客需求,不断提升自我。

一是积极响应国务院收费制度改革取消省界收费站的政策要求,按照"远近结合、统筹谋划、科学设计、有序推进、安全稳定、提效降费"的原则,提高综合交通运输网络效率,降低物流成本,完成2019年底前基本取消全国高速公路省界收费站的任务,提升人民群众的获得感、幸福感、安全感。

二是立足于"最美山区扶贫路""最美高速公路"等定位和政府还贷高速公路的属性,以市场需求为导向,组织部分路段与地方政府、沿线企业共建共享,将沿线旅游产业和地方经济发展与路段相融合,打造"交通+发展"的活动方案,满足人民群众"更安全、更快捷、更方便、更舒适、更环保"的美好出行新需求,助力沿线农村经济发展,最终达到"建设一条高速、打造一个品牌、带活一片产业、富裕一方百姓"的目的,开创"共建、共享、共赢"的局面。

三是通过搭建智慧营管平台,整合各路段的信息化资源,实现对路网内的交通状态、道路环境情况、机电设备运行状态实时监管;对事件进行统一协调、统一管理,并具备对全路段交通情况宏观监视、交通事件应急处置的能力,从而达到高效协同作业,应急处置快速响应的效果,进一步提升公司服务品质。

四是积极响应智慧交通领域交通信息化建设的总体顶层设计要求,继续以深耕细作作为立足点,积极探索以云计算、大数据处理技术为基础的"互联网+"应用,推进品牌建设常态化;以开拓创新为突破口,积极推进品牌提升优质化,紧紧围绕政府还贷高速公路特性,以信息化、智能化为牵引,积极推动信息科技技术与交通运营服务全面融合,实时与公众进行信息交互,为公众提供安全、便捷的出行服务,不断增强营运品牌的生命力和影响力。

附录

典型案例

第一节 收费部分

一、收费"红棉"品牌

为结合广东省南粤交通投资建设有限公司2015年"管理提升年"和2016年"管理规范年"工作,深入推进"红棉"营运品牌创建,打造韶赣高速公路营运管理特色,促进管理中心营运管理和服务水平全面有效提升,韶赣管理中心特制订"红棉"品牌建设实施方案。

(一)创建目标

进一步对"红棉"营运品牌开展全面对照排查、整合提升,通过品牌应用各项制度的完善修订、站场设施设备美化提升、服务标准细化优化强化、各中心站的营运品牌特色打造和创新品牌在推广平台加大宣传等措施,多层次、分重点地推进品牌建设,实现"更温馨真诚的文明服务、更美观整洁的窗口形象、更安全便捷的行车环境、更畅顺舒适的行车体验",打造韶赣高速营运特色。

(二)组织保障

成立"红棉"品牌建设工作组,负责方案和标准的制订、执行、调整并对执行情况进行监督、落实、检查。

(三)创建主要措施

1. 品牌应用制度完善修订

结合新形势,适应新要求,中心对《营运基层生产单位绩效考核制度》《收费系列岗位人员绩效考核制度》等营运管理规章制度进行修订,利用细化、量化的考核细则,强化制度考核机制,确保管理行为规范化、管理环节标准化,促进业务流程程序化,做到奖惩分明、权责清晰,促进竞争,推进品牌建设工作。

2. 站场设施设备美化提升

站场按规定配备反光锥、防撞桶、反光防撞柱等安全保障设施,各设施按标准整齐摆放。车道配置计重设备、费显器、摄像机、手动栏杆、灭火器等设施。安全岛上设有文明礼仪标准动作广告灯箱,收费亭外侧有"微笑服务,幸福通行"的LED灯动态展示。收费站对设备进行定期的清洁除尘,美化站容站貌,展示了收费站安全、整洁、美观、温馨的形象。

3. 服务标准细化优化强化

为提高韶赣高速服务水平，中心对收费窗口服务标准做进一步优化、细化，具体到人员的语言、着装及姿态等方面，都有相应的执行标准。除了基本的收费业务技能外，收费员要给驾乘人员提供优质、高效、便捷的行车服务，做到贴心服务，专心操作，耐心解释，实现韶赣高速"温馨旅途，畅行南粤"的"红棉"服务理念。中心站每月定期组织收费员进行文明礼仪培训，强化收费员的文明服务意识。

4. 中心站营运品牌特色打造

(1) 省界红棉，艰苦中尽显璀璨。

南雄中心站地处粤赣边界，特别是梅关主线站，占有韶赣高速全线80%以上的收费工作量。梅关，古称秦关，又称横浦关，两峰夹峙，虎踞梅岭，世称"南粤雄关"和"岭南第一关"。梅关收费站作为省界站，收费任务繁重，收费纠纷多发，收费环境艰苦，逃费车辆猖獗，但收费额和打逃成绩在全区域甚至全省均排名靠前。

南雄中心站的"省界红棉"，主要特色体现为多措并举，严把防贪堵漏关，对内以思想教育、绩效考核为手段加强收费队伍的监督管理，对外以高清卡口、客户管理软件、绿通稽查系统、绿通X光检测设备为打逃手段，协调有关执法部门深入开展打击逃费车辆工作，做好"堵漏增收"工作，切实整治和保持良好的收费秩序。

(2) 巾帼红棉，飒爽英姿更鲜艳。

总甫站位于高速车辆来往管理中心总部的唯一通道上。该站女员工数量较多，开展"巾帼红棉"活动更能展示女员工靓丽的窗口形象。

"巾帼红棉"主要以总甫站的"巾帼班"为代表，这个班目前有8名女员工，平均年龄23岁。她们大力践行"用心服务，畅享交通"的服务理念，她们以自身的先进性，锐意进取，务实创新，带领总甫中心站全体员工提升品牌形象，建设团队服务美、树立团队思想美、提升团队学习美、丰富团队心灵美，迎难而上，展巾帼风采。"红棉巾帼班，花开满韶赣"，五年多的努力让"巾帼红棉"已成为公司窗口服务最绚丽的名片之一。

(3) 风采红棉，韶华正茂更芬芳。

韶关中心站是东、南方向车辆进入韶关市区的重要通道，为韶赣高速甚至韶关市的重要对外"风采展示"窗口，建筑风格与韶关市著名建筑风采楼暗合。

韶关中心站的"风采红棉"，侧重点为站容站貌和文明服务。一方面，做好岗亭、车道、广场"三洁美"，做好"物有定位、摆放整齐、定期清洁、保持干净、有效监督、落实到位"，通过收费站名LED亮化、服务标准动作展示灯箱、收费亭外观美化、温馨提示LED屏幕播放及在收费广场设立便民服务亭等，展现收费站美观、洁美的通行环境，让过往驾乘人员感受不一样的收费氛围。另一方面，潜心钻研"三洁美"服务标准、"三要素"微笑服务和"三

美"通行服务。以"三美三心"服务标准迎接每一位过往的驾乘人员。以语言美、着装美、姿态美"三美"服务,通过温馨真诚的问候、美观靓丽的服装、规范标准的服务姿态诠释风采。以业务操作专心、便民服务贴心、解释工作耐心"三心"为要求,利用娴熟专业的收费操作技能、多元化的"红棉"便民服务、专业细致地答疑缓解驾乘之急,打造韶关东风采。

5. 创新品牌在推广平台加大宣传

一方面,中心围绕政府还贷高速公路特性,对客户的需求进行预见性的规划,通过搭建由信息源采集类(道路全程监控系统、隧道视频交通事件检测系统、交通量调查站系统)、信息发布及反馈类(服务区信息查询服务系统、情报板信息发布系统、停车区广播系统、停车位发布系统、交通路况讯息推送系统)和系统保障类(智能化视频故障诊断系统、机电运维管理系统)组成的交通信息管理平台,对信息资源进行整合并完善信息共享机制。以信息化、智能化为牵引,积极推动信息科技技术与交通运营服务全面融合,逐步形成以信息窗口服务为主的营运管理信息服务体系,通过积极推广运用"互联网+"信息化智能交通领先技术,利用多方式、多渠道及时将路况、交通、气象、沿线周边旅游景点、美食等讯息主动推送给公众,并实时与公众进行信息交互,为公众提供安全、便捷的出行服务,让公众切实感受到以便民、利民、惠民为根本出发点的交通运输服务。

另一方面,通过采取路况调研、跨路段派发宣传单、扇子、钥匙扣,在合适路段增设韶赣高速引路标志牌,举行"韶赣高速"微信公众号关注有礼活动,寻求与电视、广播等媒体合作,突出宣传韶赣线形、安全、里程、服务区方面优势等措施,加强对外宣传工作。

二、江肇管理中心"红棉之星"收费员评选办法

(一)评选目的

为促进"红棉"高速公路营运品牌创建工作的开展,全面贯彻落实"三个一"收费窗口文明服务标准,进一步激发一线员工参与品牌创建的工作热情,提升收费服务水平,树立典型,塑造良好的品牌形象,特制定本办法。

(二)评选范围

适用于全体收费人员(新员工满一个月后)。

(三)评选条件

参加评选的收费员必须符合以下条件:
(1)符合"三个一"收费窗口文明服务标准中关于文明服务的各项要求。

(2)评选当月出勤天数不低于20天(2月份不低于18天)。

(3)如有下列情况之一,取消当月评选资格:

①出现被客户投诉经查属有效投诉的;

②出现违规违纪行为被管理中心、部门或收费站通报批评的;

③被营运管理部认定需取消参评资格的其他情况。

(四)评选时间

以月度为单位,每月评选一次。

(五)评选实施

(1)评选标准。

按照《"红棉之星"收费员考核评分标准》执行(后附表1)。

(2)评选方法。

日常考评工作由监控中心组织实施。

①监控中心每月通过监控视频对收费人员"三个一"文明服务情况进行考核评分,每月每人3次,每次连续记录3辆车。

②在全线收费员中排名前20名且分数90分以上的(含90分)的人员被评选为"红棉之星"。

(3)评选要求。

评选要求体现公平、公正、公开的原则,具体要求如下:

①考评不能都集中在同一个班次;

②考评的日期与班次不得事先对外泄密;

③考评人员在评选过程中要保持公平、公正、公开;

④如发现在考评过程中,考评人员有徇私、偏袒、泄密等行为的,将严肃处理。

⑤每月3日17:30前将上月收费员出勤汇总表报监控中心;每月最后一天17:30前将下个月各站点收费员的排班表报监控中心,逾期未报的扣收费站月度绩效考核总分1分。

(4)评选结果的复议。

监控中心每天公布前一天考评情况,收费站有异议的可在3天内向营运管理部提出复议核查,逾期不予受理。

(六)评选结果的应用

(1)被评为"红棉之星"的人员每人每次奖励200元;年度内(按自然年计算)累计6次被评为"红棉之星"的,次月起享受收费副班长待遇,同时不再予以200元/人次的奖励;

享受收费副班长待遇后若连续3次或年度内(按自然年计算)累计6次未被评为"红棉之星",即从次月起取消享受收费副班长待遇。

(2)连续3次文明服务考评低于70分(含70分)或年度内累计5次低于70分(含70分)的人员作待岗一个月处理。如该员工待岗期间文明服务考评仍低于70分(含70分)的,由收费站提出具体处理意见报管理中心。

(3)收费站文明服务月度考评平均分低于85分的扣收费站月度绩效考核总分2分。

(4)营运管理部在收费现场检查中,收费员文明服务考评得分低于90分的,每人次扣收费站月度绩效考核总分0.5分。

(七)附则

(1)本办法由营运管理部负责解释。
(2)本办法自2015年5月份起实施。
(3)本办法在实施过程中,营运管理部可根据实际情况进一步细化、完善本办法,以部门文件形式下发。

附表1:

"红棉之星"收费员考核评分标准

项目	考核内容	考核要素	分值	评分
1	真诚微笑		20	
1.1	面部表情 (10分)	面部表情和蔼可亲,伴随微笑自然地露出6至8颗牙齿,嘴角微微上翘;微笑注重"微"字,笑的幅度不宜过大	4	
		微笑时真诚、甜美、亲切	3	
		口眼结合,嘴唇、眼神含笑	3	
1.2	眼神标准 (10分)	面对驾驶员目光友善,眼神柔和、亲切,自然流露真诚	4	
		眼睛礼貌正视驾驶员,不左顾右盼、心不在焉	4	
		眼神实现"三个度"即:集中度、光泽度、交流度	2	
2	语音语调		10	
	语音语调 (10分)	吐字要清楚明晰,发音正确,有正确的停顿和适当的节奏	2	
		声音要柔和、细腻圆润,语速适中,甜美悦耳,富有感染力	2	
		语调平和,语音厚重温和	2	
		根据收费现场情况控制说话音量,让驾乘人员听得清楚	2	
		说话态度诚恳,语句流畅,语气不卑不亢	2	

续上表

项目	考核内容	考核要素	分值	评分
3	收费手势		50	
3.1	迎车手势 （10分）	车到手动栏杆时开始做扬手动作，并向驾驶员行注视礼，车停稳后手自然收回	4	
		五指并拢，掌心面向驾驶员，靠收费窗口一侧的小手臂自然抬起（手掌和小手臂成一直线）	3	
		肘关节放在窗台上（小手臂与水平面夹角呈70°～80°角），且大小臂夹角约呈90°	3	
3.2	问候姿势 （15分）	身体快速转向窗口，面向驾驶员，保持微笑，背要挺直、肩要平、与收费窗口平行	5	
		在身体转向驾驶员同时左手迅速收回，右手搭在左手手指背面，五指合拢不留空隙，右手食指不得超过左手手指关节，手指不得弯曲	4	
		车辆停稳时收费（发卡）员迅速向驾驶员点头问好	6	
3.3	接递规范 （10分）	当车辆停在收费窗口前时收费（发卡）人员左手臂轻放窗檐，侧身45°，驾驶员打开车窗时，目光注视驾驶员，点头微笑	2	
		主动问候："您好"；驾驶员未主动出示钱、卡时，收费人员应提示"请出示通行卡"	3	
		驾驶员递交钱、卡时，小臂外旋掌心转向上，四指并拢，拇指压住钱、卡	2	
		收取驾驶员钱、卡或将通行票及找兑的零钱递与驾驶员时（发卡人员递卡）应目光注视驾驶员，面带微笑，说"谢谢"	3	
3.4	送车标准 （15分）	身体迅速转向窗口，面向驾驶员，眼睛平视，保持微笑，背要挺直、肩要平、与收费窗口平行	4	
		在身体转向驾驶员同时左手迅速收回，右手搭在左手手指背面，五指合拢不留空隙，右手食指不得超过左手手指关节，手指不得弯曲	4	
		当车辆起步时，向车辆行驶方向示意2～3秒，面带微笑，注视驾驶员，说文明用语	7	
4	"三美"服务		20	
4.1	语言美 （5分）	使用普通话作为主要服务语言，普通话发音标准	1	
		收费过程始终坚持使用完整、规范的文明用语，文明用语使用亲切、流利	2	
		咬字清晰、音量适度、语速适中，语速一般以每分钟80～100字为宜，以3米以内能听到的音量为佳	1	
		使用相应的情景问候语	1	

续上表

项目	考核内容	考核要素	分值	评分
4.2	着装美 (5分)	按季节着装标准统一着装	1	
		面容整洁、大方、舒适;女员工工作时化淡妆,妆容与工作环境协调,不浓妆艳抹	1	
		统一着装规定制服上岗,并保持制服干净、整洁,穿着要熨烫平整	1	
		头发需要勤洗且梳理整齐,保持清爽、干净、无头皮屑	1	
		按要求佩戴饰物,不许佩戴饰物如耳环、手镯、项链等耳部、腕部、颈部饰物	1	
4.3	姿态美 (10分)	在收费亭内上身自然坐直、立腰、两肩放松、双腿自然弯曲,双脚平落地上,双膝、脚跟并拢(男士可稍稍分开),坐椅面的2/3左右,手臂自然弯曲,降腕至肘部2/3处放在桌面边沿,双手自然交叠,轻放于桌面上	3	
		无车时可调整为相对放松的坐姿,可轻抬上身,将身体重心移至椅背近处,背部轻靠在椅背上	3	
		谈话时或接待司机时应该有所侧身,此时上体与腿同时转向一侧(面向谈话人)	4	
	合　　计		100	

第二节　路 政 部 分

以韶赣管理中心(以下简称"管理中心")2015年"路政回头看,扎实求提升"工作作为路政部分典型案例进行介绍。

2015年,在公司的正确领导下,管理中心扎实开展"路政回头看,扎实求提升"活动,严格以"标杆标准"要求自己,通过加强组织领导,强化监督考核等措施,进一步巩固了韶赣路政标杆队伍的创建成果,持续提升了路政队伍管理水平,各项目标任务得到了有效实现。

一、工作开展情况

(一)加强组织领导,成立了专门机构

活动启动伊始,管理中心高度重视,在公司的指导下,从建立公司路政队伍长效管

理机制的高度,精心组织、统筹安排、积极落实,稳步推进,成立了由管理中心主任任组长、分管路政工作的副主任为副组长,路政大队相关负责人为成员的工作领导小组。小组负责组织、决策、指挥和督办工作。在路政大队设置了办公室,负责制订具体工作方案和组织实施,做好各项工作的组织、运转及日常工作。这一举措,大大地加强领导力量,有力地推进了工作。

(二)制订工作方案,明确了目标任务

通过对路政队伍的制度建设、管理模式等现状进行摸底调研及诊断,明确了通过健全工作机制、完善考核制度、创新工作方法、加强教育培训等措施,进一步提高韶赣路政队伍的管理水平,建立健全路政标杆队伍长效管理机制的工作目标,制订了"路政标杆回头看"工作方案,明确了管理提升活动总体工作目标任务和 5 个阶段的主要工作安排:第一阶段按"收集问题—分析原因—制定解决办法"的工作方法有针对性地抓自我诊断;第二阶段重点制订管理提升工作的具体措施;第三阶段全面启动各专项的提升工作,全面提高队伍管理水平;第四阶段根据前期工作开展情况,及时对相关工作机制、规章制度进行修订完善;第五阶段对工作开展情况进行回顾评价,总结得失,巩固工作成果。

(三)强化监督考核,抓好各阶段工作落实

在前期做好全面启动的基础上,管理中心加强对管理提升活动的监督考核。根据工作目标,将优化健全工作机制、建立健全绩效考核机制、全力推进服务区文明创建工作、深入开展路域环境整治活动、进行路政技能大比拼这 5 大项共计 16 个主要工作任务进行分工,细化工作措施,明确完成时间节点,并制定印发了《责任分解表》。明确责任人,督促相关责任人、具体执行人员按时保质保量完成所布置的各项工作,加强对执行情况的监督检查和考核管理工作,明确对不作为或消极作为导致不能按时完成工作任务的中队或个人按相关管理制度从严处理,把管理提升的各项工作落到了实处。

二、取得的成效

(一)优化健全工作及绩效考核机制

一是进一步优化了职责、岗位及分工设置。从业务管理基础、业务模块和相应的工作量出发,对部门、中队层级各岗位人员的职责进行优化调整,解决相近岗位间的界限不清、分工不明及相互推诿扯皮的问题。二是进一步完善了工作统计分析机制。重点改进了简报报送制度,对现有的简报发送内容、形式和要求进行了完善,实现简报应有的"统计、对

比、分析"等功能,便利了上级及时准确掌握情况,为领导决策提供参考。工作机制的优化,使得各岗位权责明确、各工作流程清晰,队伍管理更加规范高效。三是进一步加强队伍管理,花大力气完善健全了绩效考核制度,制定了细化、量化的《路政系列岗位人员绩效考核管理办法》及其《加、扣分细则》,细化了各业务模块、工作任务,强化了工作程序和工作质量等方面的要求,做到奖惩分明,促进了工作效率和工作质量的提升,有效保障了路政人员个体和队伍整体的综合水平的提高。

(二)扎实开展安全保畅等路政基础业务

队伍整体水平的提升,确保了保安全保畅通工作目标的有效实现。一是路面巡查管控有力。通过严格执行对全线路段每日巡查不少于3次的24小时巡查、路养每周联合巡查机制,做好重点路段、重点时段的巡查工作,及时消除路面交通安全隐患,持续强化了路面管控力度,确保公路的安全和畅通。二是做好了路政赔(补)偿案件和突发事件处置、重大节假日保畅等工作。对交通事故损坏路产索赔案件,做到快速处理,尽快清理现场恢复交通,并督促养护部门按规定时限修复道路设施;在遇道路拥堵时,能做到按预定分流方案及时疏导交通,确保道路交通畅顺。2015年,共开展安全巡查34.25万km,出动巡查人员6594人次、清障路面障碍221处,及时发现和消除安全隐患251处;有效处置交通事故262宗(未发生特大事故);共处理路产索赔案件123宗,结案118宗,结案率95.93%;路产受损金额100.45万元,收回路产赔偿费92.87万元,索赔率92.45%,路产索赔、结案持续达标。三是抓好了涉路施工监管,采取开工前检查、"巡经(施工点)必检",发现隐患必须责令整改等措施,确保涉路施工作业的有序开展和公路的安全畅通。2015年,路政大队许可服务窗口共受理施工审批43件,完成许可报批1宗。在监管过程中,现场整改纠正12次,共发出《整改通知书》45份,均得到了有效整改。

(三)圆满完成服务区文明创建目标

在2015年全国高速公路服务区文明服务创建活动中,管理中心和服务区经营方齐心协力,以争创"全国百佳示范、优秀服务区"作为工作目标,做到精心组织、吃透标准、积极创新、措施得力。一是专设机构抓落实,联合服务区经营方专门设立创建工作办公室,提出了"齐心协力、每分必争、创先争优"的口号,制订了细致的创建方案,明确工作目标,分解责任上墙,严抓落实。二是重协调,强进度,与服务区经营方建立了常态沟通协调机制,采取"日常巡检+定点执勤"的方式,对服务区环境卫生、经营秩序等进行监督和检查,及时解决问题。三是创思路,重提升,将创建工作与"用心服务、畅享交通"服务理念和公司"红棉"高速公路服务品牌创建有效结合,充分彰显了政府还贷高速公路营运管理的公益性、服务性特色。四是定制度,抓业务,大力推行服务区标准化管理,牵头制定了标准化的

《服务区管理办法》、业务操作规程等10余项管理制度,规范统一了各项业务操作和监督管理行为。五是拓展服务抓创新:推动实现了环境卫生管理常态化;设置了休闲长廊、风景画廊,为群众提供了具有独特文化韵味、舒适温馨的休息环境;引进了经济、便捷、舒适的"青蜻蜓"休闲客房和电动汽车充电站;设置了自动停车位管理系统和信息查询系统,实现了综合服务信息化;设有母婴室、第三卫生间等人性化设施,积极开展便民服务活动等。

如今,韶赣高速3对服务区面貌焕然一新,基础设施不断完善,管理规范更趋标准,环境卫生常态整洁,安全管理提升到位,综合服务亮点纷呈,服务功能及内涵得到了进一步的丰富和提升。2015年5月,韶关东、珠玑巷服务区被广东省交通运输厅、广东省文明办评为"广东省2014—2015年度'用心服务、畅享交通'文明服务区";2015年12月,韶关东、珠玑巷服务区双双荣获"全国百佳示范服务区",丹霞服务区入选"全国400强优秀服务区"。

(四)大力推进入口劝返、路域环境整治工作

管理中心持续深化入口劝返、路域环境整治工作。一是制定《非法超限超载运输车辆劝返工作实施方案》,通过做好宣传基础工作、常态化开展、进行专项整治行动等措施自7月1日起在超限运输比较严重的收费站入口开展劝返工作,取得了一定的成效;2015年,共阻截检查疑似超载超限运输车辆920台次,成功劝返22台次。二是结合"路政宣传月"活动,开展了护路护线路政宣传活动,并联合相关职能部门对沿线较为突出的(占)利用高速公路桥下空间问题进行重点整治、集中清理整顿在全线公路两侧非法粘贴小广告的行为、及时发现和处置在公路用地或建筑控制区内发生公路违法案件,持续深化路域环境整治工作,使韶赣高速的路容路貌得到了美化和改善。2015年,共发生违法案件18宗,其中,路政人员自行制止3宗,移交执法局处理15宗;共出动执法人员1403余人次,消除桥下空间安全隐患点36处,清理了500余立方米的堆积物。同年8月31日,还联合公安部门成功抓获一名在沿线非法粘贴小广告的嫌疑人。

(五)积极拼搏,取得路政岗位技能竞赛优异成绩

2015年11月10日至11日,公司组织韶赣、江肇两个营运项目路政队伍在韶赣管理中心举办了2015年路政岗位技能竞赛。管理中心派出的参赛选手精心准备,扎实备战,在路政综合理论知识竞赛、模拟处理道路交通事故竞赛、队列和交通执法手势竞赛三大竞赛项目中有着良好的表现并取得了优异的成绩:获得团体奖项第一名,包揽了除第二名外的所有个人奖项。此次竞赛,是落实公司"管理提升年"和"路政标杆回头看"工作的具体体现,有效促进了路政人员整体素质和业务水平的提高,为公司建设高素质路政人才队伍,实现路政管理工作规范化打下了良好的基础。

三、下一步工作计划

2016年,管理中心将继续深入开展管理提升活动,重点做好以下工作:

(一)夯实路政管理基础,持续深化管理提升

2016年,管理中心将在2015年管理提升活动中取得的成效基础上,继续以建立健全路政标杆队伍长效管理机制为目标,夯实路政管理基础,持续深化管理提升。一是进一步细化、量化业务管理指标,继续完善绩效考核管理制度,以制度为依托,贯穿安全生产管理主线,抓好路政日常巡查、赔补偿案件处理、突发事件处置等内外业管理,加强监督考核,促进工作质量和工作效率的提升,实现各项业务达标,进一步夯实路政管理基础。二是继续通过完善工作机制、创新工作方法、加强教育培训等措施,进一步明晰细化大队、中队及各岗位职责,提高队伍的执行力和思想、业务水平,持续深化管理提升,提升队伍的综合素质,更加有效地完成"保安全、保畅通、树标杆"及上级交办的各项工作任务。三是继续以公路违法案件的有效处理、桥下空间管控、路容路貌整治作为检验点,搭建齐抓共管的管理模式,深入开展路域环境整治行动,确保整治效果。四是有针对性地强化对超限超载车辆的入口阻截劝返工作,探索有效工作措施和方法,有效保障道路交通安全。

(二)发挥示范引领作用,打造品牌文明服务区

在持续巩固全国百佳示范、优秀服务区创建成果的基础上,管理中心将进一步总结经验,在抓好优化服务、加强日常管理和监督的同时,拟采取向国内其余"百佳示范"服务区学习的方法,学习借鉴其基础设施及配套服务设施建设、先进管理经验和文化品牌建设方面的好的做法等,取长补短;同时,继续结合公司"红棉"品牌建设和地域文化特色,铺开服务区文明服务创建的第二阶段工作,不断提升服务区的文化品位,精心提炼和树立韶赣高速服务区特有的品味和亮点,进一步完善服务区文明服务创建的长效管理机制,将韶赣服务区打造成具有自身特色的品牌服务区,以充分发挥全国百佳示范服务区的引领作用,进一步满足公众安全便捷的出行需求。

第三节 养 护 部 分

此部分以省南粤交通公司"红棉"养护品牌创建活动作为养护案例进行介绍。

为贯彻落实交通运输部及省交通运输厅《"十三五"公路养护发展纲要》提出创建"养

护管理示范路"目标要求,深化"红棉"营运品牌,着力提升养护管理水平,公司决定在营运项目中开展省南粤交通公司"红棉"养护品牌创建活动,特制订本方案。

一、总体要求

(一)活动主题

以高速公路养护管理示范单位创建为抓手,统筹公司、营运单位、作业单位三个层面力量,围绕养护"五大"目标(安全、畅通、舒适、耐久、绿色),推动养护"五化"管理(科学化、规范化、标准化、信息化、专业化),实现"南粤交通、大道为公"的企业核心价值理念,在省交通集团养护工作中走在前列。

(二)指导思想

公司"红棉"营运服务品牌是"南粤品质工程"的延伸,以"三四五"标准规范为载体,品牌内涵为"温馨、美观、安全、畅顺",服务口号为"温馨旅途、畅行南粤",着重从对外品质和对内管理两个方面体现政府还贷高速公路"以人为本"的公益性服务理念。"三"即三个一收费窗口文明服务标准;"四"即四个一流路政管理标准;"五"即养护"五化"管理体系。

要以习近平新时代中国特色社会主义思想和党的十九大精神为引领,主动适应新形势,落实新理念,促进新发展。紧紧围绕高速公路养护"五化"管理精准发力,不断完善公司"科学、规范、节约、高效"的养护管理模式,为"交通延伸美好生活"服务理念夯实基础,打造政府还贷高速公路的良好形象。

(三)基本原则

(1)统筹规划、共同推进。由公司结合各营运单位业务需求,统筹制订实施方案,充分发挥各营运项目、各养护服务单位在"红棉"养护品牌创建活动中的主动性和创造性,形成公司与各相关单位分工明确、共同推进的路径与机制。

(2)因地制宜、注重实效。各单位应结合项目特点、技术复杂程度、车流量及特殊构造物等情况,因地制宜,在公司创建"红棉"养护品牌的总体框架下,努力创建"养护管理示范路"。创建成功后,所制定的各项制度、标准应符合上级制度文件有关规定且具备可操作性。

(3)有的放矢、立足长远。在充分总结和吸取以往高速公路营运管理经验教训的基础上,着力解决养护体系不顺畅、养护制度不完善、养护资金供需不协调、养护管理程序不统

一、养护作业不规范、养护信息化应用程度不高等问题,充分发挥"建管养"一体化优势,推动公司养护管理工作全面提升、可持续发展。

(4)考评结合、激励先进。各单位可结合集团、公司有关要求具体完善有关考评办法,鼓励"四新"技术应用及管理优化改进,激发各单位的内在动力,提升工作效果。

(四)主要目标

到2020年底,创建一批"高速公路养护管理示范单位"。"红棉"养护品牌管理深入人心,形成一批可推广的典型经验与做法,树立公司"南粤交通、大道为公"的良好形象,推动南粤养护工作再上新台阶。

二、组织机构

公司成立"红棉"南粤养护品牌创建活动领导小组,负责统筹组织、督导协调活动开展。领导小组下设办公室,办公室设在公司基建管理部,负责活动的具体组织协调、检查和综合考评等工作。

三、主要任务和重点工作

(一)搭建科学养护管理体系

(1)推动建立科学规范的养护管理体系。积极协调上级单位,明确事权和财权的管理责任,明确省管政府还贷高速公路养护计划事权、财权的审批权,建立运转畅顺、资金可持续保障的养护管理体制。

(2)落实"建管养"一体化理念。项目建设期要解决或避免以往营运养护项目中出现的结构物病害多发、影响营运期行车安全、影响后期养护工作规范开展等问题,夯实营运期养护工作的基础。统筹养护专业养护人员的配备和培养,从人员方面保障实现"建管养"一体化。

(3)深化"区域化、规模化、集约化"养护管理模式。在充分总结公司2015—2016年开展"区域化、规模化、集约化"管理经验的基础上,与集团区域化方案全面衔接,将各营运项目日常养护、服务项目(设计、监理、检测、监测及定期检查)集中招标。深化应急资源及养护工区的布局规划,从建设期可确定方案阶段着手,加强对养护工区建设方案及标准的指导。推动公司应急资源及养护工区与主体工程同步建成并投入使用,解决养护工区建设标准不统一、实用性差等问题。努力推动养护、拯救等服务单位联署办公模式,提高路养资源共享程度,节约成本。

(二)规范养护管理制度

(1)搭建养护制度标准化框架体系。按照交通运输部今年3月出台《公路养护工程管理办法》(交公路发〔2018〕33号)工程分类,结合省厅关于该办法实施细则的有关规定,公司搭建各项工程内容、各环节的管理制度体系。围绕"日常养护、养护工程程序管理、检测评定及后评估"等方面着重从公司、营运项目两个层面对相关养护管理制度加以完善。

(2)分级分类完善养护管理制度。编制的制度要成体系,具有可操作性并相互支撑与协调。一是要紧密结合规范、上级单位及公司有关规定,明确管理要求;二是按业务需求,明确业务办理的流程;三是需按工作内容,明确常用内业资料格式;四是与集团养护信息平台应用有效结合。

(三)养护管理程序标准化

(1)规范公路技术状况检测与评定。以规范经常性检查、定期检查、专项检查及特殊检测等工作为基础,规范各营运单位公路技术状况评定、各分项指标的检测及评定工作。结合交通运输部即将出台的新《公路技术状况评定标准》、集团《检测标准化工作指南》等相关文件,规范统一公路技术状况检测与评定工作。

(2)规范养护计划的制订。按照公司养护总费用控制支出标准,结合省财厅、省交通集团的要求,各营运单位进一步规范养护中长期(三年计划)及年度计划编制,对于成熟的养护专项工程建立项目储备库。在各单位养护计划的基础上,由公司统筹编制养护中长期及年度计划,按照"统筹利用、成熟先上"的原则控制养护支出,控制并使用好养护资金。

(3)规范养护工程设计管理。公司出台《养护工程设计管理规定》,以江肇项目为依托,编制路面养护工程设计指导意见,逐步规范路面、桥梁、隧道等常见养护工程设计文件编制。

(4)规范养护工程监理、第三方质量检测项目管理。以韶赣、仁新项目为依托,结合集团监理、试验检测片区规划方案,统筹考虑日常养护与养护专项工程原材料试验检测。养护专项工程监理方面,以路面综合处治项目为示例,结合交通运输部《公路养护工程质量检验评定标准》,编制监理工作方案范本。参考省厅、集团及公司对建设项目检查标准及问题,落实相应监理工作措施及流程,避免质量通病。

(5)规范养护合同造价管理。一是制定相应的管理办法,确保管理"面"上的规范、统一。在充分吸收广东省同行业经验教训的基础上,按照集团的相关养护管理制度的要求,并结合公司实际,完成《合同管理办法》《造价管理办法》《工程造价咨询单位备选库管理办法》《养护计量支付管理办法》《养护招标清单预算》等管理制度的制定,明确各项管理的职责、内容及要求,确保管理"面"上的规范、统一。

二是制订统一的养护合同范本,确保管理"线"的规范、统一。在归纳总结广东省多年来高速公路养护合同管理的主要问题及造价控制的难点、要点的基础上,形成公司统一的养护施工合同范本,通过制订养护合同范本,实现各项目养护合同的规范化、统一化管理。

三是编制统一的养护清单计价模板,确保管理"点"的规范、统一。规范统一土建及机电日常养护、养护专项工程量清单模板,桥梁、隧道、路面定期检测清单模板,实现工作内容统一、清单编号和名称统一、计价规则统一。

(6)规范养护工程施工管理。以江肇项目为依托,以既有或即将实施的路面综合处治养护工程为参考,结合交通运输部《公路养护工程质量检验评定标准》及省交通集团《养护管理办法实施细则》,规范养护工程合同签订、施工审批、施工过程管理、现场作业安全管理、质量管控、变更审批、工程验收及后评估等"全链条"管理,编制路面养护施工管理文件示例。

(7)规范机电养护管理。厘清设备缺陷期和养护期的工作界面,建立完善设备台账、系统配置参数、光缆配芯等基础资料,确保设备问题在第一时间得到有效处理。对于涉及政策性、营运安全、考核指标等系统故障,按抢险工程程序进行处理。密切关注营运管理需求,在车道保畅、绿通打逃、数据分析、智能监控等方面提供科学高效的技术手段。

(8)规范交叉工程管理。以龙连项目为依托,结合省交通运输部交公路发〔2015〕36号文件、省交通运输厅《关于加强铁路跨(穿或并行)越公路等交叉工程管理的通知》(粤交基函〔2008〕2253号)、《广东省交通运输厅+广州铁路(集团)公司关于进一步加强广东省公路铁路交叉工程建设管理的若干意见》(粤交基函〔2017〕257号)、省交通集团《关于加强跨越(穿越)运营高速公路交叉工程管理的通知》(粤交集基〔2015〕334号)有关规定,统筹编制公司及各营运单位《交叉工程管理工作指引》,系统梳理交叉工程管理要点,细化各个管理环节工作要求,明确具体事项办理流程。

(9)规范养护工程档案管理。按照公司营运档案考核实施细则,进一步规范和指导营运档案工作,加强日常养护档案检查考核,除各营运项目自检自评外,注重对养护单位档案的检查和考核工作。

(四)养护作业标准化

(1)制订路容路貌日常维护质量标准。重点针对路域可视范围内交安及机电设施、绿化及保洁工作,开展质量提升行动。各营运单位要联合所辖路段日常养护单位编制专门工作方案,推行"养护标段长"定员负责制,主动开展沿线路域环境排查整治专项行动,落实路容路貌的维护责任。专项行动结束后,各营运单位要建立长效机制,固化工作标准及制度,久久为功,保持"舒适、美观"路容路貌。

（2）推进日常养护作业标准化。以各日常养护单位为责任主体，参照高速公路建设施工标准化做法，编制高速公路《日常养护作业标准化指南》。明确养护作业中日常巡查、小修及应急保通等养护作业的内容及频率、施工组织、作业流程、机械配备、实施步骤、质量标准等，按路基、路面、桥涵、隧道、交安设施、绿化、房建、机电设施等专业编制常规性养护小修作业标准，提高养护作业水平。

（3）深化养护现场安全作业标准化。各日常养护单位要以《公路养护安全作业规程》（JTG H30—2015）为基础，按照"高于规范、贴合实际"的原则，编制《高速公路养护现场安全作业操作规程》，细化施工人员数量、预警设备和检查机制等。

（4）规范养护应急抢修工程管理。针对常见的边坡垮塌、路面积水、道路损毁等突发病害，编制《养护应急抢修工程管理办法》。从信息报送、人员、设备及材料、组织实施等方面建立完善的管理体系，加强与地方应急资源的联勤联动，进一步提升在极端恶劣天气、交通事故造成道路结构物损毁或影响行车等特殊状况下的应急处置能力。片区日常养护单位为同一单位的，要积极建立区域化应急资源共享机制。

（五）养护信息化

（1）推广养护信息管理平台应用。按照省交通集团的有关要求，公司统筹协调做好上线集团养护信息管理平台工作，确保各营运单位及日常养护单位在2020年底前全面应用集团养护信息系统进行管理。在此基础上，公司将定期联合养护信息系统技术支持单位，及时掌握各营运单位及日常养护单位对于养护信息系统的使用情况，根据工作需要及时督促技术支持单位对系统功能进行完善或升级。

（2）探索建立特殊结构物建养一体化自动监测系统。以珠海连接线、广中江项目为依托，结合清云、东雷、河惠莞、怀阳等建设项目建设期间开展的桥梁建养一体化自动监测系统研究工作，积累建立特殊桥梁、隧道、高边坡建养一体化自动监测系统的工作经验。

（六）养护工区标准化

（1）完善养护工区标准化规划及建设。以化湛项目为依托，结合省交通集团养护基地标准化建设成果及要求，由公司统筹指导，明确司属各营运单位养护工区标准化建设方案，分期分批于2020年底前完成工区标准化建设工作。

（2）规范统一养护工区视觉标识及展示图表。参照《广东交通集团道路养护标识系统规范手册》标准，对养护工区视觉识别系统进行规范。同时，以国省检标准为指引，对工区内标牌标识、上墙图表、档案分类及格式标准等进行规范统一，提升养护工区整体形象。

四、保障措施

（一）加强组织领导，完善工作机制

各营运单位是南粤"红棉"养护品牌创建活动的责任主体，要根据活动方案，联合所辖路段日常养护、养护工程设计、监理及检测等作业单位，结合项目实际，细化契合项目推进的具体实施方案，建立有效的工作机制。各营运单位要成立由主要领导牵头负责，统筹所辖路段作业单位及各业务部门的组织机构，确保创建活动扎实推进。

（二）发挥集体力量，激发内在动力

创建活动涉及的业务单位多、人员广，各营运单位要以项目为整体，计划由上至下管理，业务由下至上推动，协助公司总体推进全局。各营运单位可在日常工作考核过程中，针对从业单位按合同要求开展系列考评，积极采取有效激励措施，调动各参加单位人员的积极性。通过开展创建活动，学习及吸收工作经验，培养一批养护业务骨干，并采取适当措施给予表扬或奖励。

（三）加强考核评价，倡导示范引领

各营运单位作为独立评价单元，以得分制办法进行排名，推荐、评选符合资格条件的营运单位为省南粤交通2019—2020年度"养护管理示范单位"并进行表彰。各养护作业单位以各路段项目部为评价单元，按考评得分进行排名，评选创建活动表现突出的作业单位项目部为"养护工作先进班组"并进行表彰。公司对各部门、各营运单位及养护作业单位表现杰出的先进个人，通过评选推荐为"养护能手"并进行表彰。

（四）促进养护"四新"技术应用

鼓励各养护作业单位积极应用新设备、新工艺，以设备保工艺，以工艺保质量，降低养护作业成本，提高养护资金投资效益。利用省厅培育和规范公路养护工程市场契机，按照《广东省交通运输厅关于公路养护工程市场准入的实施细则》相关要求，在不增加投资的同等条件下，对积极采用技术创新、增加设备投入、提供有效增值服务、信息化应用水平高的养护作业单位，在业绩考核、信用评价方面进行合理嘉奖，推动养护作业逐步向高科技方向发展。

第四节　服务区部分

一、韶赣高速公路2017年争创全国百佳示范优秀服务区工作实施方案

按照交通运输部《交通运输部办公厅关于开展2017年全国高速公路服务区服务质量等级评定工作的通知》《关于印发全国高速公路服务区服务质量等级评定办法(试行)的通知》和中国公路学会《2015年全国高速公路服务区服务质量等级评定工作实施方案》及《广东省南粤交通投资建设有限公司关于做好服务区服务质量等级评定相关准备工作的通知》,为顺利推进韶赣高速公路服务区争创全国百佳示范、优秀服务区(以下简称"创文")工作,制订本实施方案。

(一)目标任务

以提升社会公众出行服务质量为主线,以服务质量等级评定为抓手,以环境卫生和文明服务为重点,遵循"政府主导、部门协作、综合治理、突出实效、示范引领、全面推进"的原则,立足基本服务和日常管理,进一步健全完善工作机制,加强服务设施维修改造,强化标准化服务管理,促进沿线3对服务区实现公共设施完善、环境卫生整洁、秩序规范良好、服务温馨文明、文化积极向上的目标,确保在2017年评定工作中再创佳绩。

(二)工作内容及任务划分

(1)工作内容。

①完善公共服务设施,实现硬件优化升级。

对停车广场、公共卫生间、第三卫生间、餐饮等服务设施设备进行全方位检查,按照"安全实用、节能环保、整洁美观"的要求,实施升级改造,加强日常管养,确保各类设施设备齐全、维护维修及时、功能完好、正常运行。重点是要依据相关标准和规范,在优化设计的基础上,加强公共卫生间的维修改造,切实解决基础设施损坏、气味重、污渍多、热水供应不足等突出问题,基本满足公众日常需求。重大节假日期间,能开放简易卫生间等服务设施,满足公众需求。在停车广场完善简易休息设施,为公众提供便捷服务。

②加强环境卫生监管,提高清洁服务水平。

进一步健全和完善环境卫生管理制度,细化工作任务,明确岗位职责,加强监督考核。按照"24小时监管,及时清理"的原则,配置保洁用具,配备保洁人员,实施标准化作业,确

保停车广场、公共卫生间等公共区域处于干净整洁状态。加强灭蝇工作,定期对服务区周边及垃圾房、垃圾桶(果皮箱)、化粪池、下水道等喷洒灭蝇药物,灭杀蚊蝇幼虫,确保服务区各功能场所无蝇虫。在停车广场等客流密集区域,要适当增设垃圾桶等卫生设施,方便旅客就近处置垃圾。明确卫生管理监管机构和监管人员,加强定期检查和不定期抽查,发现卫生制度落实不到位的,责令服务区经营方立即纠正。

③加强公共秩序维护,营造良好运行环境。

结合服务区场地条件及进出车型构成情况,优化停车区域设置,确保交通标志标线齐全清晰,小型客车、大型客车、大型货车分区合理停放,危险化学品、畜产品运输车辆专区停放。健全完善安全管理制度和安全生产隐患排查联动机制,加强停车广场、食品、饮用水、油品、消防等区域安全防范。结合实际需要,配备保安人员,实行 24 小时值守,加强夜间巡逻。重大节假日及客流高峰时段,要加派人员,引导驾乘人员有序停车、如厕、加油、就餐,维护良好运行秩序。

④强化照明与监控设施,实现安全放心环境。

完善停车广场照明设施和公共场所的监控设施,确保停车区域夜间照明无盲点,监控设施设备完好、监控图像清晰完整,配合场区安保人员 24 小时巡逻值班,使进入服务区休息的驾乘人员感到安全放心。

⑤加强文明优质服务,提升综合服务水平。

加快健全和完善服务工作标准体系,实施标准化服务。积极创造条件,落实瓶装水和方便面等大众化商品"同城同价"制度。加强经营性项目的专业化、品牌化经营管理,规范经营行为,为公众提供多样化的高品质服务。在显著位置设置咨询服务台和监督公示栏,公开服务承诺、服务内容和监督电话,及时受理举报和投诉。公开加油、餐饮、便利店、客房、汽修等经营性项目的内容、标准和价格。配合有关部门,坚决查处制售假冒伪劣产品、非法摆摊设点等违法行为。结合本地区域特色,加强主题和特色服务区建设,促进服务工作与当地经济社会发展的深度融合。

⑥加强行业文化建设,营造文明出行氛围。

充分利用服务区的有效空间以及视频广播等多种载体,采用图文并茂、生动有趣的方式,大力宣传社会主义核心价值观、交通运输行业核心价值体系以及安全驾驶、文明出行、保护环境等法规政策,营造文明服务、文明出行的良好氛围。加强以"以人为本、倾情服务、纾难解困、携手同行"为主题的服务区行业文化建设,携手社会公众,共同营造"温馨驿站"。加强服务区队伍建设,各岗位从业人员应着统一工装、仪容仪表整洁,接待顾客主动热情,规范使用服务用语,做到文明服务、温馨服务、便捷服务。

(2)工作任务划分。

①韶赣管理中心。

管理中心负责沿线 3 对服务区整体形象提升项目,包括标识标牌制作,服务区名称标识牌制作安装等,服务区内的信息查询系统日常硬件维护、内容优化。协调韶赣高速养护单位对服务区内的高杆灯检修及绿化修剪、补种等。

②服务区经营方。

服务区经营方即中石油、中石化韶关分公司负责除前述相关工作之外,还应负责做好其余"创文"相关工作并承担相关费用。

(三)组织机构

为加强对"创文"工作的组织领导,确保各项工作有序、高效开展,经协商,由韶赣管理中心牵头,联合中石油韶关分公司、中石化韶关分公司成立韶赣高速公路服务区创文工作协调小组和工作小组。

(1)工作协调小组。

负责创建工作的组织、决策、指挥、协调以及对自查评定的审核工作。

(2)工作小组。

分设 3 个工作小组,具体如下:

①韶赣管理中心工作组。

做好沿线 3 对服务区的日常监管工作,韶赣管理中心负责"创文"项目的组织实施,协调并推动中石油、中石化韶关分公司按既定的目标、时间、措施和要求贯彻落实各项"创文"工作任务,按时保质达成创建目标,并做好信息的上传下达和创建活动的宣传、总结等工作。

②中石油韶关分公司工作组。

按要求做好韶关东、丹霞服务区的日常管理工作,并根据"创文"工作任务界面划分,按照中国公路学会《2015 年全国高速公路服务区服务质量等级评定工作实施方案》及其《等级评定记分细则》的标准和要求,做好韶关东、丹霞服务区"创文"工作,力争把韶关东服务区争创成为全国百佳示范服务区,把丹霞服务区争创成为全国 400 强优秀服务区。

③中石化韶关分公司工作组。

按要求做好珠玑巷服务区的日常管理工作,并根据"创文"工作任务界面划分,按照中国公路学会《2015 年全国高速公路服务区服务质量等级评定工作实施方案》及其《等级评定记分细则》的标准和要求,做好珠玑巷服务区"创文"工作,力争把珠玑巷服务区创建成为全国百佳示范服务区。

(四)具体实施方案

(1)韶赣管理中心负责项目实施方案。

①服务区整体形象提升。

韶赣管理中心负责沿线3对服务区标识标牌制作更新工作,在服务区入口处设置名称标识牌及在服务区内显眼位置设置韶关周边景点路线图。各服务区结合当地文化、景点特色对服务区建筑外观进行改造或增设相关构筑物以提升服务区形象。

②服务区机电项目检修、维护。

韶赣管理中心机电部门对服务区内的信息查询系统、剩余停车位显示系统及充电站进行全面检修,确保信息查询系统能向公众提供高速公路线路、路况、天气等查询服务,剩余停车位系统能正常运行、显示清晰,充电站能为有需要的车辆提供充电服务。

③"创文"内业资料建立、健全。

韶赣管理中心根据《全国高速公路服务区质量等级评定记分细则》要求,整理制作《韶赣高速服务区争创全国百佳示范、优秀服务区内业资料检查表》,同时路政各中队与辖区内服务区对接,双方各设立一名内业资料专员,按照内业资料检查表的要求进行全面排查并完善相应迎检资料。

(2)中石油、中石化韶关分公司负责项目实施方案。

①客房项目。

各服务区应想方设法解决"轻轻停"休息站撤场后的遗留问题,可采取自建经营或重新邀请"轻轻停"公司入场经营等方式灵活处理,重点确保客房证照齐全,并可按照要求开具发票。

②服务楼整体形象提升项目。

经排查,发现各区内服务楼各个功能区域都存在设施设备不同程度损坏、残旧等问题,经营方应采取维修或更换的方式及时解决。为提升服务区整体形象,针对服务楼内墙壁、楼道及设施设备外观存在不同程度的老化,破旧的问题,采取重点清洁、重新粉刷等方式去解决。

③公共场区项目。

对公共场区的坑槽、裂缝进行重新铺设、修复消除地面安全隐患,对场区内的地面标线进行重新画线,对场区绿化进行清理、修剪、补种,同时实施专业化物业管理,并确保足够的保洁、保安力量,使公共场区达到卫生、安全、整洁、有序。

④监控设备项目。

对服务区内的监控设备进行全面检修,做到监控图像清晰完整,监控范围覆盖停车广场、加油站和餐厅,做到无盲点地区。系统至少能保存一周以上的监控资料备查。

⑤水源管理项目。

加强对蓄水池的管理,以应对高峰期间的公众用水需求,保证服务区24小时不间断供水,定期对蓄水池消毒,确保自备水源和二次供水水质符合国家标准。加强对排污设备管理,确保设备正常运行,污水排放达到国家二级类排放标准。

⑥同城同价问题。

通过了解协调、狠抓落实,确保服务区内便利店大众化商品、汽修常用配件同城同价,同时做好同城同价物价检查记录工作。

⑦其他项目。

通过统一场区人员着装、工牌,强化服务区员工业务培训,通过增添宣传及警示标识,建立健全的内业资料等举措,规范服务区内部管理工作。

(五) 工作要求

(1) 加强组织领导。

按照上级争创全国示范服务区、优秀服务区的要求,各工作小组要及时研究创建工作推进过程中的各项问题,建立健全工作责任机制,及时整改不足,分阶段分步骤落实创建工作的各项任务,确保"创文"工作的顺利开展。

(2) 明确创建目标。

力争把韶关东、珠玑巷服务区创建成为全国百佳示范服务区,把丹霞服务区创建成为全国400强优秀服务区。在创建过程中加强公司的品牌建设,突显南粤交通的服务特色。

(3) 落实创建任务。

制订完善具体的服务区"创文"工作方案,落实责任分解工作;制订具体的阶段性工作目标和完成时间,加强双向沟通机制,及时向上级汇报工作进展情况。

(4) 完善保障机制。

根据《交通运输部关于进一步提升高速公路服务区服务质量的意见》等相关规定,落实服务区公共服务设施改善和维护经费保障制度,保证必要的经费投入,满足公共服务设施设备维护更新需要,保障人员充足、卫生整洁。对于经费来源,要加强与上级主管单位的沟通,争取得到上级支持。

(5) 加强监督检查。

加强督导检查,认真落实各项措施,重点做好环境卫生监管、公共秩序维护、文明优质服务、行业文明建设四个环节,按期完成工作任务,切实提升服务质量。结合文明服务创建活动,进一步完善服务质量考核机制,实行第三方评价制度,鼓励社会公众参与监督,对存在问题的服务区限期整改,促进服务区服务能力与水平的持续改善和提升。

(6) 加强宣传报道。

安排专人负责文明服务创建工作信息的宣传和报送工作,每月报送上级部门信息不少于1篇,10月上旬上报总结报告。

二、江肇高速公路争创全国优秀服务区工作方案

高速公路服务区是展示广东交通文明的重要窗口,是交通运输行业践行社会主义核心价值观和"用心服务,畅享交通"行业核心价值理念的重要平台和阵地。为积极响应省公司号召,进一步提升江肇高速服务区的服务水平和整体形象,为巩固"创文"成果,促进服务区创建文明、有序、和谐的公共环境,更好服务经济社会发展,为群众提供更加满意优质的服务,根据《广东省南粤交通投资建设有限公司关于做好服务区服务质量等级评定相关准备工作的通知》(粤交建投〔2017〕462号)、《交通运输部关于印发全国高速公路服务区服务质量等级评定办法(试行)的通知》(交公路发〔2015〕29号)文件精神,特制订本方案。

(一)指导思想

坚持以五大发展观为指导,以提升社会公众出行服务质量为主线,以服务质量等级评定为抓手,以环境卫生和文明服务为重点,切实践行社会主义核心价值观和"人便于行、货畅其流、服务人民、奉献社会"的行业核心价值观,弘扬敬业爱岗、追求卓越的行业精神,立足基本服务和日常管理,进一步健全完善工作机制,加强服务设施维修改造,强化标准化服务管理,促进服务区实现公共设施完善、环境卫生整洁、秩序规范良好、服务温馨文明、文化积极向上的目标,更好地满足社会公众服务需求。通过打造文明、规范、优质、高效的高速公路服务区,以崭新的精神风貌向社会展示广东服务窗口文明形象。

(二)领导机构

管理中心领导对本次服务区"创优"活动工作高度重视,为保障江肇高速服务区"创优"活动保质保量开展,确保活动取得实效,管理中心成立江肇高速服务区"创优"活动领导小组,形成了以管理中心主任书记负总责,分管领导分工负责的创建领导机制,组建了创优工作办公室,制订科学合理的创优工作方案,并严格实行目标管理,明确分工,落实责任,确保各项工作落到实处。领导小组主要负责对服务区创优活动的组织和部署,并随时掌握活动开展的动态。

"创优"工作办公室设在路产管理部,由负责相关工作的管理人员组成。该部负责开展服务区创优工作,制订精细的活动计划,出现问题及时解决,确保"创优"活动取得良好的效果。

(三)活动时间和范围

活动时间:2017年5月20日—9月30日。

范围:广东江肇高速公路鼎湖服务区、龙口服务区、明城停车区。

（四）工作目标和任务

围绕《广东省南粤交通投资建设有限公司关于做好服务区服务质量等级评定相关准备工作的通知》（粤交建投〔2017〕462号）、《交通运输部关于印发全国高速公路服务区服务质量等级评定办法（试行）的通知》（交公路发〔2015〕29号）进行"全国百佳示范、优秀服务区"创建活动，保"优秀"争"示范"，分解指标、细化措施、责任到人，确保逐条达标。务求在完善公共服务设施、加强环境卫生监管、维护公共秩序、加强文明优质服务、促进行业文化建设五个方面取得更进一步的实效。

（1）完善公共服务设施，确保硬件功能完好。

对停车广场、公共卫生间、开水供应间、残疾人专用通道等服务设施设备进行全方位检查，按照"安全实用、节能环保、整洁美观"的要求，加强日常管养，确保各类设施设备齐全、维护维修及时、功能完好、正常运行。

（2）加强环境卫生监管，提高清洁服务水平。

进一步健全和完善环境卫生管理制度，细化工作任务，明确岗位职责，加强监督考核。按照"24小时监管，及时清理"的原则，配置保洁用具，配备足够保洁人员，实施标准化作业，确保停车广场、公共卫生间等公共区域处于干净整洁状态。加强灭蝇工作，定期对服务区周边及垃圾房、垃圾桶（果皮箱）、化粪池、下水道等喷洒灭蝇药物，灭杀蚊蝇幼虫，确保服务区各功能场所无蝇虫。停车广场等客流密集区域，要适当增设垃圾桶等卫生设施，方便旅客就近处置垃圾。明确卫生管理监管机构和监管人员，加强定期检查和不定期抽查，发现卫生制度落实不到位的，要责令立即纠正。

（3）加强公共秩序维护，营造良好运行环境。

结合服务区场地条件及进出车型构成情况，优化停车区域设置，确保交通标志标线齐全清晰，小型客车、大型客车、大型货车分区合理停放，危险化学品、畜产品运输车辆专区停放。完善停车广场照明设施和公共场所的监控设施，确保停车区域夜间照明无盲点，监控设施设备完好、监控图像清晰完整。健全完善安全管理制度和安全生产隐患排查联动机制，加强停车广场、食品、饮用水、油品、消防等区域安全防范。结合实际需要，配备足够安保人员，加强夜间巡逻。重大节假日及客流高峰时段，要加派人员，引导驾乘人员有序停车、如厕、加油、就餐，维护良好运行秩序。

（4）加强文明优质服务，提升综合服务水平。

督促服务区加快健全和完善服务工作标准体系，实施标准化服务。积极创造条件，推广重要商品和服务"同城同价"制度。加强经营性项目的专业化、品牌化经营管理，提供多样化的高品质服务。服务区要在明显位置设置咨询服务台和监督公示栏，公开服务承诺、服务内容和监督电话，及时受理举报和投诉。公开加油、餐饮、便利店、客房、汽修等经营性项目的内容、标准和价格。各服务区应结合本地区域特色,加强主题和特色服务区建设,促进服务工作与当地经济社会发展的深度融合。

(5)加强行业文化建设,营造文明出行氛围。

督促服务区充分利用服务区的有效空间以及视频广播等多种载体,采用图文并茂、生动有趣的方式,大力宣传社会主义核心价值观、交通运输行业核心价值体系以及安全驾驶、文明出行、保护环境等法规政策,营造文明服务、文明出行的良好氛围。加强以"以人为本、倾情服务、纾难解困、携手同行"为主题的服务区行业文化建设,携手社会公众,共同营造"温馨驿站"。加强服务区队伍建设,各岗位从业人员应着统一工装、仪容仪表整洁,接待顾客主动热情,规范使用服务用语,做到文明服务、温馨服务、便捷服务。

(五)工作要求

服务区"创优"活动不仅是省文明办、省交通运输厅、省交通集团、省南粤交通公司力推的一项重要精神文明创建活动,更是江肇管理中心提升自身素质,强化为民服务能力的一次良好契机。各相关部门务必要将此项活动当成全年的一项重大工作任务来完成,抓好落实、扎实推进,确保实现既定目标。

(1)高度重视,精心部署。

管理中心各相关部门应站在服务区不仅是服务社会的窗口,更代表了广东省文明形象的高度,提高认识,统一思想,明确工作职责和任务分工,迅速部署开展工作。采取切实有效措施,认真抓好落实,发动服务区全体员工广泛参与,真正从思想上、行动上加入服务区"创优"的活动中。

(2)明确分工,履行责任。

各相关部门既要通力合作,相互配合,又要明确分工,做好本职工作。

(3)加强监督检查。

"创优"活动领导小组要加强督导检查,督促相关单位认真落实各项措施,按期完成工作任务,切实提升服务质量。"创优"活动办公室应进一步完善服务质量考核机制,大力推广第三方评价制度,鼓励社会公众参与监督,共同促进服务区服务能力与水平的持续改善和提升。

(4)善于借力,寻求合作。

要整合各方资源、动员各方力量,积极解决存在的问题,加强服务区软、硬件管理,使示范、优秀服务区常态化、长久化。

(5)注重创新,形成特色。

充分考虑服务区的地域特点、历史特色,将服务区自身的独特性转化为开展活动的独有优势,形成围绕一个中心,百花齐放的良好局面,力争在"创优"活动中取得优异成绩。